福島を耕す

坂本　充孝　著

はじめに

東日本大震災、東京電力福島第一原発の事故から八年が経過しようとしています。今、皆さんが東北新幹線に乗って福島市や郡山市を訪ねたとしたら、目にするのはすっかり日常を取り戻した普通の風景です。駅前では部活帰りの高校生らがアイスクリームを食べながら楽しげにおしゃべりをしていますし、公園ではベビーカーを押した若いお母さんたちが日傘をさして歩いています。

原発事故の直後に、お母さんは洗濯物を外に干すこともできず、子どもたちはマスク着用を強いられたうえに、外遊びも禁じられた。あの放射能被災都市の様相は、ほとんど見かけなくなったといっても過言ではありません。

しかし、こうした都市部から車を東に走らせて阿武隈山地に向かい、さらに海岸部の浜通りへと進んだとき、日常の世界が少しづつ色彩を失い、非日常の世界に変化していくのがわかるでしょう。

飯舘村、南相馬市小高区、富岡町など一時は住民が避難を強いられた地域は、居住制限が解除され、帰還が可能になりました。しかし昼間こそ道を歩く人が散見されますが、夜ともなると、灯りがともる家はほんのわずかで静まりかえった真っ暗な町になります。

さらに原発に近づき、大熊町、双葉町などの帰還困難区域に足を伸ばすと、住宅の前に無機質なパイプ製の柵が回され、人の出入りを拒んでいる光景に言葉を失うでしょう。要所には警備員が立つ検問所が設置され、通行する車の放射性濃度を測定するスクリーニング場などの看板もあります。たとえ自宅であっても、柵の中に入るためには許可申請が必要であり、原則として宿泊することもできません。

こうした濃淡に彩られた被災地が今の福島県です。濃淡は地域間に存在するだけではありません。年齢、職業、男女などなどの間でも、復興の恩恵を十分に受け、二〇二〇年の東京五輪の被災地開催を楽しみにしている人がいれば、逆に損害賠償、被災者支援を打ち切られ、「見捨てられた」と嘆いている人もいます。そうした格差は、この八年間でより鮮明になり、分断の危機を浮かび上がらせています。被災地の光のあたる部分だけを捕らえ、「復興が進んだ」「もう大丈夫だ」という言い方には、どうにも承服できない気持ちになります。

少し私の話をさせていただくと、二〇一一年三月十二日午後三時五十六分。私は東京・日比谷にある東京新聞本社八階の編集局にいました。前日、出勤途中のJR浜松町駅で大きな揺れに遭遇し、なんとか都バスに乗り込んで本社にたどり着きました。その後は被災地に若い記者を送り込むための手配に追われ、家に帰ることもできずにいました。そんなとき、付けっぱなしのテレビが見たことのない映像を映し出しました。福島第一原発1号機の建屋が吹き飛び、白い煙が空に放たれたのです。

「うおーっ」という重低音のどよめきがフロア全体に響きわたったのを、きのうのことのように覚えています。

しばらくして永田町の首相官邸を取材していた若い記者が青い顔で戻ってきました。「えらいことになりましたよ。官邸の事務官が『家族がいるなら西の方へ避難させた方がいい』と話しています」

冬枯れの日比谷公園の木立を見下ろしながら、激しい悔恨の念に襲われました。当時の私は、特別報道部の総括デスクという立場で、見開き二ページの「こちら！特報部」の欄を毎日つくるために、十数名の同僚、後輩たちと悪戦苦闘する日々でした。

特報部は、もともと原発政策には反対のスタンスをとっていました。

使用済み核燃料の最終処理場はなく、一旦、事故が起きれば取り返しが付かない環境破壊を引き起こす。そんな危険な発電方式はこの地震多発国には必要ないと何度も紙面で主張しました。

だが原発問題を紙面で取り上げた翌朝には、薄気味の悪い静寂が待っていました。期待した反響が一切ないのです。肩すかしを食らったような気分でうろたえます。話題を喚起してこその新聞記事ですから、この静寂は、なかなかきついのです。そんな経験を繰り返すたびに、原発問題を積極的には取り上げない体質が醸成されていたかもしれませんでした。こうした煮え切らない対応の結果として、原発は操業を続け、そして事故が起きたのです。

なぜもっと声高に主張を続けなかったか。

胃が痛くなるほどに反省し、その日から連日、反原発のキャンペーンを紙面を通じて繰り広げました。ですが、事故収束に何かの貢献ができたわけでもなく、いってみれば、後の祭りでした。

四年後の二〇一五年四月、私は福島特別支局に赴任することになりました。東京新聞は福島県で新聞を発行しておらず、全国紙のような取材網を現地に持っていませんでした。

そこで原発事故被災地に軸足を置くために、友好社の福島民報の社屋の中に支局を開設しました。私は支局長というわけでしたが、支局長とは名ばかりで、支局員も事務員もおらず、スタッフは私一人だけでした。

駆け出し当時に戻った気分で、十年落ちの取材車にパソコンとカメラを放り込んで闇雲に被災地を走り回ることになりました。

四年前に抱いた悔恨の念を少しでも晴らしたいという気持ちが強くありました。福島県は四十七都道府県の中で、北海道と岩手県に次いで三番目に面積が広い。取材車の距離計はくるくると回り、タイヤはすり減りました。三年間で地球三周分ぐらいは走った計算になります。

そうやって大勢の人に会い、語り合ううちに、福島で生きてきた人々の気持ちが、ほんの少し理解できるようになりました。

この土地で暮らしていると、季節の移ろいがとてもはっきりとわかります。四月。枝垂れ桜や桃が咲き狂う花の季節がやって来ます。

花が一段落し、吾妻山の山腹に残雪が作る雪ウサギが現れる頃には、山菜採りのシーズンになります。タラノメ、コシアブラ、マガリダケなどの山の幸を求めて、町に住む人も山へ向かう。田植えが終わって夏の盛りになると、渓流をさかのぼり、イワナを釣る人もたくさんいます。秋は河原で芋煮会を楽しみ、冬は家族で氷結した湖へワカサギ釣りに出掛けます。自然を畏怖し、命の輝きを確認し合うことが、この土地で暮らすということです。

そんな「うつくしま　ふくしま」の住人に、神が与えた試練は、あまりに残酷でした。清らかな水、豊かな土、美味しい食べ物など、誇りとしてきた心の宝が放射性物質で汚染され、一夜にして恐怖と嫌悪の対象に変わったのです。キノコ採りや魚釣りはできなくなり、毎年、親戚に贈っていたモモやリンゴは「もういらない」と拒絶されました。人まで汚染されているかのようにいわれ、県外避難者の中には差別を恐れて、福島県出身であることをひた隠しにして暮らした人もいました。

しかし、そんな過酷な状況の下でも、先祖伝来の土地をあきらめない人たちはいたのです。ある農場経営者は、野菜を軽トラックに積んで東京へ持ち込み、街頭で売りました。ある漁師は、慣れない法律書を片手に国と東京電力に対して法廷闘争に挑みました。わずかでも可能性があれば、活路を求め、再生の道を探りました。道が険しいのは誰もが承知していましたが、それでも戦いをやめなかったのは、やめて敗北を認めてしまえば、ふるさとを失ううえに、人としての尊厳までも失ってしまうと感じていたからだと思います。

有機農業に生涯をささげてきた農家の男性の、忘れられない言葉があります。男性の農地も汚染され、一時は絶望の淵に立たされましたが、畑をトラクターで耕したときに、放射性物質の濃度が半減することを知ったそうです。先祖が営々と続けてきた「耕す」という行為が、放射能と戦う手段となる。「その気づきは闇の中で見出した一筋の光だった」と話していました。


福島県が事故前の様相を取り戻す道は遠いでしょう。政府は、居住制限を解除した区域への帰還を執拗に要請します。元の住民のうちどれほどの人が帰還したのかを示す率が、日々はじき出され、当該自治体の首長は、この数字に追われて夜も眠れないほどストレスを受けているそうです。しかし数字はなかなか伸びません。

理由は簡単で、政府がいかに「安心、安全」を強調したところで、避難者は被災地の放射線量がそれほど下がっていないことをよく知っているからです。帰還が進まなければ、税収が見込めない小さな市町村は、近い将来に財政危機に直面します。そこからが本当の地域崩壊であるかもしれません。政府は、その事態に直面したとき「事故がなくても進行していた地域の過疎化が加速度的に進んだだけ」と冷めた言葉で分析するのだと思いますが。

現実は決して甘くない。それでも祈るような気持ちで傷ついた大地を癒やそうとする人々の姿を、ひとりでも多く紹介したいと考えています。それが、私にとっての「耕す」であるからです。

なお本書の原稿は、二〇一五年五月から東京新聞に連載したコラム「ふくしま便り」に加筆しました。登場する人の肩書き、年齢などは新聞に掲載した当時のままです。

東京新聞編集委員　坂本充孝

目　次

目　次

目　次

四　農民　チェルノブイリを行く

六　古里の誇り …… 247

一

ふるさとをあきらめない

1　耕し、土作り、放射線克服二本松農家の意気込み

福島県は農業県だ。しかし原発事故で農地は汚染され、五年半が経過した今でも、作物は買いたたかれる。かつてこの地方を何度も襲った飢饉以来の農村の危機。それでも福島県有機農業ネットワーク前理事長の菅野正寿さん（57）は農業を諦める気持ちはない。「都市と農村の新しい関係を築く」「田畑を耕し土を作る」の二点で再生への光が見えてくると話す。それは、どんな意味なのか。

菅野さんの自宅と農地は二本松市の東和地区にある。農家の七代目に生まれ、農業大学校を卒業後、一貫して有機農業に取り組んできた。

今月八日、菅野さんのトマトハウスでにぎやかな歓声が響いていた。首都圏からやってきた農業体験ツアーの参加者五、六人が慣れない手つきで、色付いたトマトを収穫する。終わったら、菅野さんの自宅でもある農家民宿「遊雲の里」で一泊し、翌日はバーベキューや近くの祭りの見学会もある。参加者の中には米国から来た高校生や新規就農希望の若者などもいた。

こんな体験ツアーを年間を通じて実施している。

「原発事故は福島のあらゆるところに分断をもたらした。家族、地域などが無残に引き裂かれました。農家と消費者も分断された。健康志向で良い食品を選んでいた消費者が福島産の農産物は食べないという。しかし福島の農家は細心の注意を払って作物を作っています。この分断を埋めるには、農の現場を直接、見てもらうしかない」

菅野さんの長女の瑞穂さん（27）は大学卒業後に就農を決意。二年目に原発事故に見舞われた。今、野菜作りに励む一方で、父の意見に賛同して会社を立ち上げ、大手旅行会社と提携して被災地を巡る「福島の今を知るツアー」を企画している。

しかし、福島の農産物を買ってもらう上で、最低条件となるのは、間違いなく安全であるということだ。この点で菅野さんは大きな発見をしたという。

「農業の基本である『耕す』『土を作る』が放射能から作物を守るんです。それを知ったときは、感動して身震いがした」

二〇一一年三月。福島第一原発から約四十五キロの東和地区にも放射性物質が降り注いだ。避難区域の指定は免れたが、尾根の上の畑を測ると表土五センチに一万五〇〇〇ベクレルもの放射能があった。一時は絶望したが、思い直し、新潟大、茨城大、東京農大などの研究グループと実態調査に取り組んだ。そこで発見する。畑をトラクターで耕し、堆肥を混ぜる。これを繰り返すと一回ごとに放射能の量が半減した。収穫した大根からは一四ベクレルしか検出されなかった。土中のセシウムは消えるわけではないが、希釈すれば、作物への移行は減る。空間線量も下がって、農作業中の被ばく量も少なくなる。また有機質の高い土壌ほどセシウムを吸着し、離さないこともわかった。

もともと東和地区は、阿武隈山地の麓にひろがる中山間地で、広大な農地に恵まれているわけではない。小さな尾根の間に狭い谷があり、小川が流れる。人々は、この土地を一分のすきもないほど活用してきた。谷は棚田とし、尾根の上は野菜畑。山の斜面は桑畑にする。「山の畑の桑の実を」と童謡「赤とんぼ」に歌われたままの風景。

「平らな土地は一坪でも耕す。そうやってこの地域の人々は生きてきたんです。私たちも二十年以上前から仲間と有機農業に取り組んできた。丁寧に土に向き合えば放射能も克服できる。これは希望です」

収穫前の棚田を前に、菅野さんは、そう話した。

体験ツアーの参加者に語りかける菅野さん（左から２人目）＝福島県二本松市東和地区で

＊　＊　＊

問い合わせは　あぶくま高原遊雲の里ファーム＝ファクス０２４３（４７）３４４６＝へ。

（二〇一六年一〇月一八日）

2　飯舘電力の挑戦　までいの村で再生エネ

福島第一原発の事故で全村避難となった福島県飯舘村。来年三月にようやく一部の地区を除いて避難指示が解除となる。村を歩くと目に飛び込んでくるのは農地に据えられた太陽光パネル。村人たちが自力で設立した再生エネルギー供給会社「飯舘電力」の施設だ。社長の小林稔さん（64）は以前、和牛を育てる農家だった。「手間をかけて」を意味する方言、「までい」を合言葉に再興を図る村で、新たな取り組みを続けている。

小春日和の飯舘村で小林さんに会った。今は宮城県蔵王町に避難しながら和牛の肥育を続けている。避難指示が解除になったら夫人と両親とともに帰村する予定だという。そのために古かった自宅を解体して隣に新居を建築中だ。

「ここが飯舘電力の事務所になるし、裏に牛舎を再建して、また牛飼いもしたい。若い頃だったら、家族もいるし、こんなリスクは取れなかったろうね。幸いというか年を取った。もう怖いものもないし、生まれ育ったこの村で、もうひと花咲かせてやろうと思うんだ」

穏やかな声で話し始めた。

この村で生まれ、農業高校を卒業してから、ずっと土と共に生きてきた。福島第一原発の事故が起きると、真っ先に牛を蔵王町に避難させた。自身も長男一家とともに村を離れた。避難暮らしの中で思い出したのが、毎晩、晩酌をした飯舘村の地酒「おこし酒」だった。村が消えるかもしれない寂しさに、またあの酒を飲みたいと思った。自分で造ろうと思い立ち、福島県喜多方市に水田を借りて、酒米の「夢の香」を育てた。市内にアパートを借り、夫人と二人で蔵王町から通った。

米から酒を造ったのは、会津の老舗、大和川酒造店（喜多方市）だった。当主である佐藤弥右衛門《やうえもん》さん（65）は「東京に奪われたエネルギーを福島に取り戻す」と、ご当地エネルギー会社、会津電力を起こした人だ。

佐藤さんと語らううちに飯舘電力の構想が生まれた。

「村に帰るといっても農地は汚染されて昔のような農業はできない。代わりの仕事をつくらなければダメだ。それも村人が自分たちでつくったビジネスでなければ長続きはしない。補助金頼みになるだけだ」

二〇一四年九月、仲間ら四人と出資者を募って会社を設立。推されて社長に就任したが、次々と難問を突きつけられた。

飯舘村は総面積の約七割が山林で太陽光パネルの設置場所には事欠かないように思える。しかし山林は除染されておらず、作業員の健康被害を防ぐ意味から使用できないとわかった。

農地を転用するには国の許可が必要となる。許可をもらいに何度も役所に足を運び、頭をさげた。事故で汚染された農地だ。その転用許可のために長い時間と手間が必要だった。

農地転用の許可を受けやすくするために「太陽光シェアリング」という手法も考案した。太陽光パネルを地表から遠ざけ、間隔を広く空けて設置する。空いた地表で牧草などを育てる。再生エネルギーを得ながら、農業もできる一石二鳥だ。

大規模用地を確保した途端、売電先の東北電力が自然エネルギーの買い取りを中断すると発表。苦肉の策で五十キロワットの小規模な施設に小分けして事業を進めることになった。五十キロワットは十五世帯をまかなう程度の電力。今、こうした施設五カ所から二百五十キロワットの電力が売られている。来年三月までにあと十一カ所が始動する。

バイオマスや風力利用の発電にも視野を広げたいという。

「若い人は帰らないし、昔のような村には戻らない。でも、農業に固執しなければ、そ

太陽光シェアリングのソーラー基地を見てまわる小林さん。まだ工事中で台の上にパネルを載せる。下の牧草には十分な日光が届く＝福島県飯舘村で

れほど悲観したものでもないのです。食べて寝るぐらいはできる。まずは年寄りが先頭に立って元気に何かを始めることです」と小林さんは話した。

（二〇一六年一一月二九日）

3　故郷の香りをリズムに　山木屋太鼓の若者たち

福島第一原発の事故は、阿武隈山地に抱かれた自然豊かな山間地に最も甚大な被害をもたらした。川俣町山木屋地区もその一つ。放射性物質で汚染されたため避難指示区域となり、原則として宿泊はできない。夜間は民家の明かりもなく、漆黒の闇に包まれる。そんな夜の静寂を突き破るように、毎夜、太鼓の音が響き渡る。演奏しているのは創作和太鼓・山木屋太鼓のメンバー。この地区で生まれ育った若者たちだ。彼らにとっての故郷とは何だろう。

午後七時半。稽古場である幼稚園にダダン、ダダンと小気味よいリズムが響き始めた。四人の奏者が基本練習を皮切りに、パターンを変えた太鼓の演技を確認していく。踊りや笛も加えて呼吸を合わせる。張り詰めた空気の中に時折、笑いがまじる。

終始、稽古を仕切っているのは遠藤元気さん（27）。山木屋太鼓の現会長で、ただ一人のプロの太鼓奏者でもある。

「太鼓に専念する契機になったのは、やっぱり震災です」と振り返る。山木屋に生まれ育ち、地域に伝承されてきた太鼓に子どもの頃から親しんだ。大学では保育や介護を専攻し、職場は家から通える障害者の施設を選んだ。避難指示が出て、家族と借り上げアパートに移った。

太鼓は続けたが、メンバーが散り散りになり、練習場所の確保にも苦しんだ。そんな境遇に負けるのが嫌で、仕事を辞め、太鼓奏者で生計を立てる道を選んだ。

山木屋太鼓のリーダーでありつつ、ソロの奏者として舞台にも立つ。自作の曲のテーマは、瞬く星、流れる水、木々のざわめきなど故郷の自然ばかりだ。

現在、山木屋太鼓のメンバーは十一歳から五十歳までの十六人。三つのチームに分かれて活動しているが、未成年のいるチームは避難指示区域内での練習は控えている。

町は八月末の避難指示解除を目指して住民と調整を図ろうとしているが、依然として放射線量が高いという現実は立ちはだかる。

「それでも僕は山木屋を捨てようと思ったことは一度もない」と遠藤さんは話す。今年三月、米国ミシガン州に遠征した。公演の合間に地元の大学生と音楽で交流するなど刺激的な旅だった。「ワクワクするような新しい挑戦をこれからも続けたい。でも、それは、この故郷からのスタートなんです」

遠藤さんと一緒に「鴉《からす》」というチームを組む渡辺香さん（22）と利香さん（20）は仲の良い姉妹だ。自宅は隣の家まで二キロも離れているような山の上にあった。今は借り上げ住宅に暮らす。

「町の生活は本当に便利ですが気も使う。自宅で妹と大声でけんかしていたのが懐かしい」と香さん。避難指示が解除になったらすぐに帰るために、自宅をリフォームしているという。

利香さんは「将来は結婚して出て行くんでしょうけど、それまでは山木屋に帰って家族と一緒に暮らす」と屈託がない。

もうひとりの鴉のメンバー、菅野優さん（27）は「山木屋太鼓の名前を背負っているから、頑張ってきましたけど、それは僕にとって普通のことなんです。山木屋はどうなるかわからないけど、太鼓を聞いて、故郷を思い出してくれる人がいたらいいな、と。そう考えているだけです」と静かに話した。

「普通にやっていきたい」という言葉は遠藤さんも何度も使った。思えば、この五年間こそが理不尽に強いられた普通ではない生活だったのだ。

（二〇一六年六月二八日）

練習に打ち込む「鴉」の４人。左から２人目が遠藤会長＝福島県川俣町山木屋地区で

（福島県川俣町山木屋地区の位置）

4 いわきにNPO開設のクリニック　患者の不安に向き合う

東京電力福島第一原発事故の直後から、被災地の放射線量の調査などをしてきた認定NPO法人「いわき放射能市民測定室たらちね」（福島県いわき市）が今年六月、いわき市小名浜に診療所「たらちねクリニック」を開設した。NPO法人が診療所を設けるのは全国を見回しても珍しいケースだ。なぜ、クリニックは必要だったのか。

福島県民は「いわきは太陽の町だ」と誇らしげに話す。たしかに海辺の町、いわき市の陽光は明るく、風はかすかに潮の香りを含んでいる。中でも福島第一原発から南へ約五十五キロの小名浜は漁業の町の雰囲気がひときわ濃い。「たらちねクリニック」も漁港につながる道沿いのビルの三階にある。

診療開始は六月一日。常勤医の藤田操院長（55）のほか非常勤医が二人、協力医が数人いて、内科、小児科を運営、保険診療に対応する。甲状腺の超音波検査器、ホルモン測定器、内部被ばくを測るホールボディーカウンター（WBC）もある。

力を入れているのが「子どもドック」だ。WBC測定、尿中セシウム測定、血液検査、超音波による甲状腺検査、心のケアなどのメニューがあり、無料で受けることができる。

藤田院長は「親は、子どもの体の正確なデータを知ることで無用の心配から解放されてストレスを避けられる。心のケアでは、健康や生活についての悩みを相談してほしい」と話す。

どのようにしてクリニックは誕生したのか。

母体である「いわき放射能市民測定室たらちね」は、原発事故の半年後の二〇一一年十一月からいわき市周辺の放射線量測定などを始めた。一三年三月には、子どもを中心に被ばくの影響を調べる検診をスタート。これまでに九千人以上が検診を受けたという。

福島県では、事故当時に十八歳以下だった県民を対象とした甲状腺検査などの県民健康調査を実施している。これに満足できず、検診に足を運んだ母親が大勢いたということだ。

「県民健康調査は二年に一回。その間に症状が進行してしまうこともある。また、画像データなどは親であっても煩雑な手続きを経ないと公開してくれない。何より医師と面談する機会が非常に少ない。情報不足で混乱してしまう母親が多かったのです」と測定室事務局長の鈴木薫さん（51）は話す。

鈴木さんらは医療機関との連携の必要性を痛感。寄付と助成金で約二千万円の資金をつくり、医師を探した。

藤田院長は一二年から福島県平田村や子どもの保養先である沖縄県で内科診療に当たった。その藤田院長が要請を快諾したことで構想は実現した。

実際のところ、福島県の子どもは原発事故により、どれほどの危険にさらされているのか。日本学術会議は今月、放射性物質の総放出量はチェルノブイリ事故の約七分の一で、県民の被ばく線量もはるかに少ないなどとする報告書をまとめた。

こうしたデータを踏まえた上で藤田院長は、こう話す。

「データをどう受け止めるかは患者の気持ち次第。体の不調を訴える人に『放射線とは関係ない』と一方的に話しても、納得できない人はいる。逆に医師が正面から取り組んでいると感じた人は落ち着くでしょう。きめ細かなコミュニケーションを取ることこそが、このクリニックの目的です」

＊　＊　＊

たらちねクリニックは、無料子どもドックを継続するための寄付も募っている。連絡は測定室＝電０２４６（９２）２５２６＝へ。

（二〇一七年九月一九日）

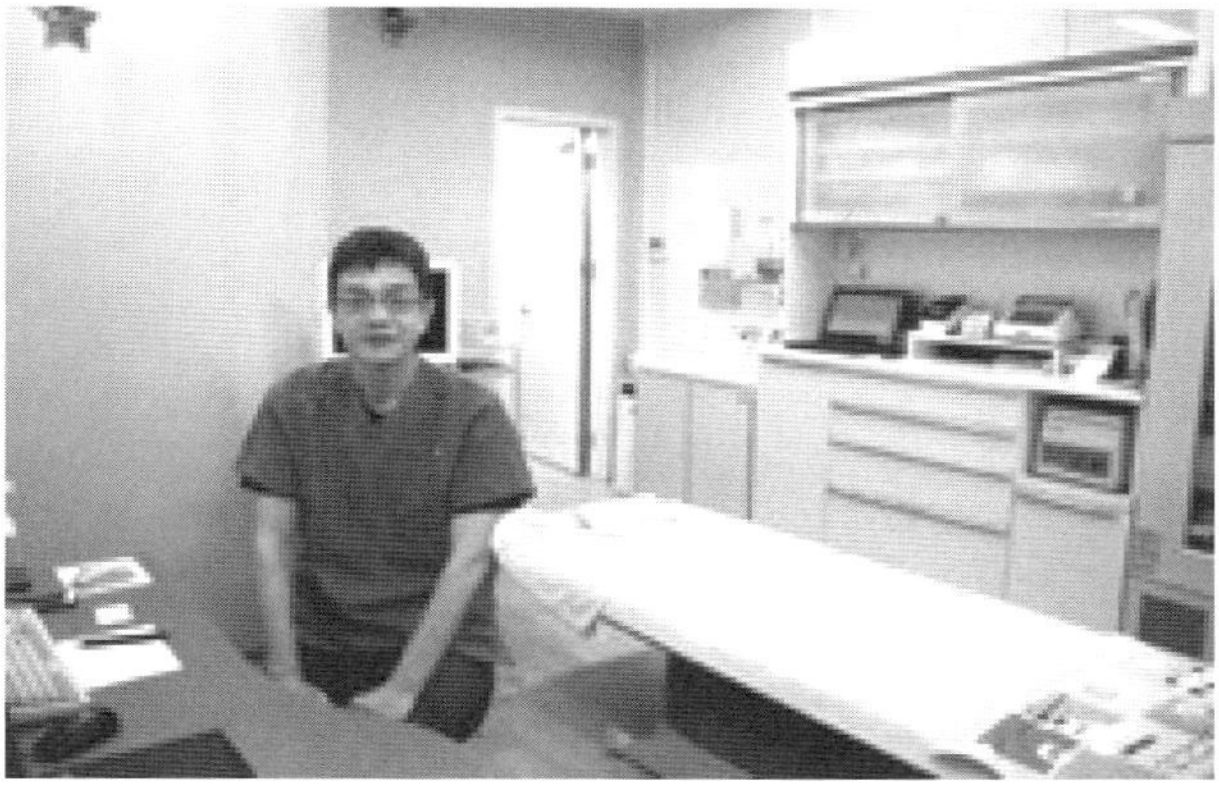

「早期発見、早期フォローが医療の基本。小さなことでも相談を」と話す藤田院長＝福島県いわき市のたらちねクリニックで

5　子どもの元気を取り戻す　福島大学「ほっとルーム」

福島県の子どもたちの「生きる力」が低下しているという。「生きる力」とは、文部科学省の学習指導要領によると「確かな学力」「健やかな体」「豊かな心」が三本の柱。そのいずれもで低下の傾向が見受けられ、福島第一原発の事故が影を落としている。中でも、心の問題は深刻で、いじめや不登校が増えるという結果を招いている。福島大学の「うつくしまふくしま未来支援センター（ＦＵＲＥ）」では、そんな子どもの元気を取り戻すために、知恵を絞って支援を続けている。取り組みの一端を見せてもらった。

秋雨が降る夜、福島市内のある仮設住宅を訪ねた。二百戸もあるプレハブ住宅の列には、「空き家なので郵便物は入れないでください」という張り紙が目立つ。窓から明かりが漏れる家もまばらにしかない。故郷への帰還はあきらめて、移住を決めた家が増えた結果だろう。

真っ暗な路地の奥から子どもの声が聞こえたような気がした。声をたどって行くと、一軒の入り口が明るかった。戸を開けると子どもの靴があふれていた。

そこがFUREが運営する教育相談室「ほっとルーム」だった。六畳間で学生が子どもたちと一緒にすごろくをしていた。中三、中一、小四の男児が三人。なごやかな雰囲気でサイコロを振っている。笑い声が響く。

福大こども支援コーディネーターの本多樹さん（27）によると、今年五月から週に一回、近隣の不登校の子どもを集め、遊びや学習をする時間を持っている。目的の第一は、人間関係のつくり方を学ばせることだという。本多さんは「穏やかに過ごせるようになったのは、ごく最近のことなのですよ」と話した。

最初は暴れたり、すねて飛び出していってしまうような子が多かった。学習しようとすると、来なくなってしまう。ほかの子どもの存在を嫌う傾向もあり、仕方なく時間をずらして、子どもを一人ずつ招き、学生たちが囲んで遊ぶようにした。すると少しずつだが、心を開き始めたのだという。

どの子も傷を負っていた。

ある子は、震災で失職して無気力になった父親を見るうちに、「無意味でしょ」「どうせ僕なんか」と投げやりになり、学校に行かなくなった。

別の子は農村部の学校から都市部の学校に転校して、勉強についていけなくなった。一緒に川で遊んだり、剣道をした故郷の仲間たちを懐かしんだが、新しい友だちはつくれず、ストレスをため込んでいた。

「本当は優しい子ばかりで、故郷の村ではいい子だったのに、環境が一変し、何もかもうまくいかなくなってしまった。本人も苦しんでいるんですよ」と、スタッフの一人で福大院生の遊佐奈央子さん（23）は話す。

プログラムを統括する本多環特任教授によると、そんな「困り感」を表に出す子は、まだ立ち直りが早いのだという。じっと我慢して自分の殻に閉じこもってしまう子はたくさんいる。

FUREでは、避難でばらばらに散った故郷の同級生たちを集めた同窓会ツアーなども企画した。「バスに乗ったとたん、再会を喜んで歓声が起きると思っていました。ところが逆に静まり返ってしまった。子どもの中には都市に移住した子も、自宅に戻った子もいました。子どもなりに負い目や羨望《せんぼう》やいろいろな感情が高まって、話ができなくなってしまった」と本多特任教授は分析する。

福島の子どもたちは、長期的なストレスにさらされ続けている。必要な施策とはなんだろうか。本多特任教授はこう話す。

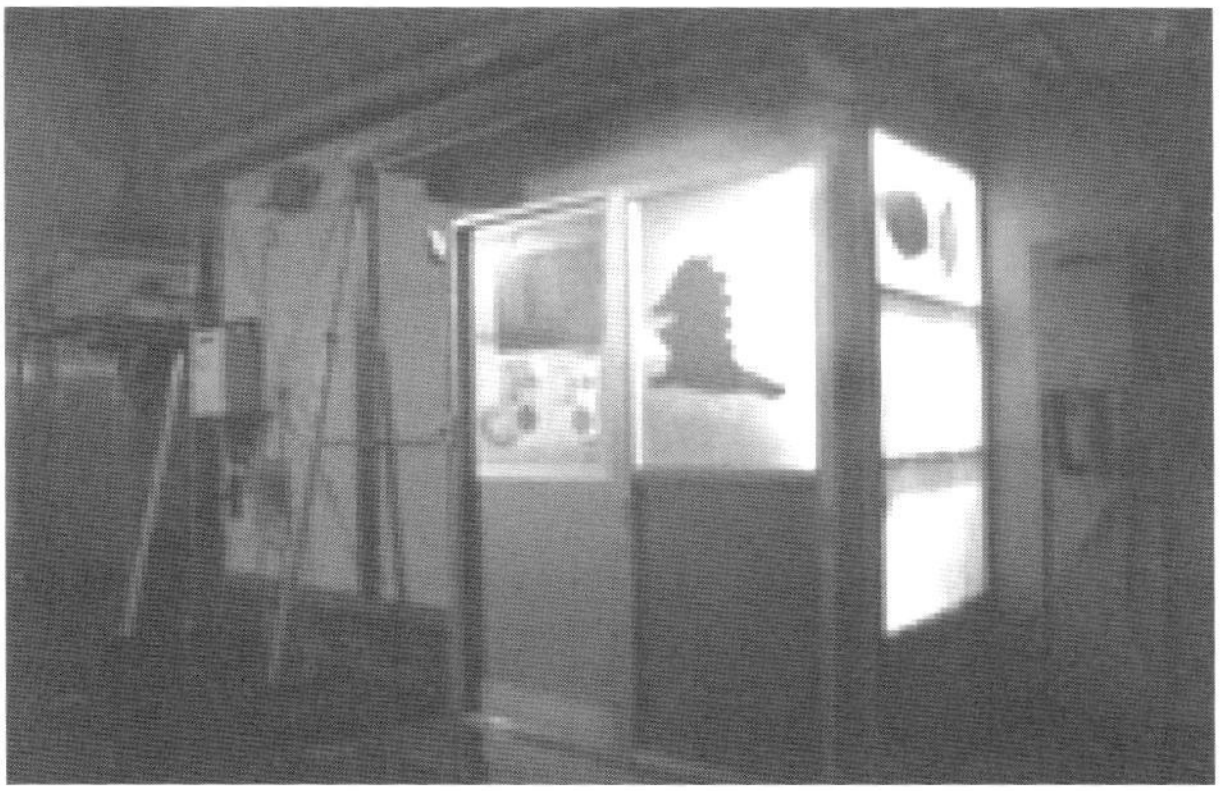

仮設住宅の一室を使った「ほっとルーム」。子どもたちの声が漏れてくる＝福島市で

「学校教育の充実はもちろんですが、地域や家庭の力を取り戻すことが大切。親が立ち直るための医療や福祉との連携も必要で、これらをつなぐコーディネーター役や質の高い支援員の育成が急務です」

（二〇一五年一一月二四日）

6　農家と旅館、直接結ぶ「顔見える」農業六次化の試み

原発事故に見舞われた福島県の農家が、苦しんだのは丹精込めた作物を出荷する道筋がなくなったことだ。従来通りに農協に出しても「売れない」と言われ、価格はどんどん下がる。売れない理由は、スーパーなど流通大手が「福島産」というだけで取り扱いを拒否したからだった。

八方ふさがりの状態に活路を切り開いたのは、生産者グループが取り組んだ「農業六次化」だった。六次化とは農家が作物を市場に卸さず、自家ブランドとしてパッケージし、直接消費者に販売する試みなどをいう。

ＮＰＯ法人「がんばろう福島、農業者等の会」（二本松市）もその一つ。四日、福島市の奥座敷・土湯温泉で、同会会員の農業者らと旅館関係者を集めた商談会が開催された。同会が開発した「３Ｆシステム」のお披露目も兼ねていた。

同システムは、インターネットを通じて旅館が農家が提供する作物を簡単に購入できる。ウェブサイトの写真を見てメールで注文すると、翌朝に宅配便で到着する。送料は無

料で、代金決済は会を通じて行う。

「目で見て注文できるのがいい。生産者と直接話をするきっかけにもなる」（山水荘・斎藤清治料理長）。「日持ちする商品ではないので即決してもらえるのがうれしい。送料無料も助かる」（同会会員の大黒屋豆腐店・佐藤吉法社長）。受け手、出し手両方に期待する声が多かった。

システムの開発は、震災後に続けてきた同会の取り組みのごく一部だ。斉藤登理事長（57）は、二本松市で営農する二本松農園の経営者でもあり、福島の農業復活のまさにけん引車だ。

県庁の職員であったが、早期退職し、新しい農業を目指そうと自家の田畑の耕作を始めた。

その直後に原発事故に見舞われた。六次化に取り組んでいた農家の仲間たちが「どうやっても売れない」と次々と悲鳴を上げた。斉藤さんは商品を買い取り、軽トラックに詰め込んで、東京へ向かった。住宅地に車を止め、「福島の野菜です。安全です」と説明すると意外なほどに買ってくれる人が多かった。

「十人のうち八人は駄目でも、二人はわかってくれる。おいしい野菜は必ず売れる」

そんな行商を一年間で百三十回も続けた。だが売れても燃料代などで、赤字が二千万円にも膨れた。疲れも限界に達した。

「車ごと東京湾に飛び込んでやろうと岸壁まで行った。ところが携帯を開いたら、家族からのメールがあったんだ。『お父さん、死なないで』って。それで、ふらふら帰ってきた」

ところが、数日ぶりにパソコンを開くと注文が押し寄せていた。同時に進めていたネット販売が実を結び始めていた。数えると五十万円にもなった。それがどん底を抜け出す契機となった。

今、斉藤さんらのNPOを支える契約消費者は全国に五千人もいる。農産物を提供する農家会員は五十軒以上。一番苦しい時代を知る農家会員の間で、斉藤さんへの信頼は絶大だ。

斉藤さんは、こう話す。「顔の見えるつきあいに風評被害はない。たくさんの人に福島の今を見てほしい。福島に来て、温泉旅館に泊まり、おいしいものを食べてください」

＊　＊　＊

斉藤さんらから農作物を購入したい方は、「がんばろう福島、農業者等の会」＝電0243（24）1001。もしくは「里山ガーデンファーム」でインターネット検索。

商談会では農家が独自に工夫して開発した六次化商品が並んだ＝４日、福島市の土湯温泉で

商談会で、商品説明をする農家会員のサポートをする斉藤登さん（左）＝４日、福島市の土湯温泉で

二本松農園では、田植えや放射能検査を体験できるスタディーファームも実施している。

（二〇一六年二月九日）

7 「なんとなく」の風評と闘う　現状知るツアー

スーパーに買い物に行ったらキュウリが並んでいた。宮崎県産と埼玉県産、福島県産の三種類。いずれも価格は百円。あなたはどれを選びますか。「なんとなく」福島県産を避ける人もいるのでは。福島県の農業復興に立ちはだかる壁は、まさにこの「なんとなく症候群」。克服するための取り組みを追った。

今月三、四日、首都圏の消費者に福島の農業の現状を知ってもらうための視察ツアーが開催された。企画したのはＮＰＯ法人「がんばろう福島、農業者等の会」（二本松市）。原発事故被災地で奮闘する農家や食品加工業者の姿を消費者に目の当たりにしてもらうのが目的だ。パブリックリソーズ財団「ふくしま未来基金」の助成金を受けて、東京からの新幹線代、温泉旅館の宿泊費まで込みで一人一万円という安価な参加費を実現。約三十人の募集に六十人を超える応募があったという。

参加者が最初に訪れたのが、福島第一原発から約三十五キロの山あいにある二本松農園。約七ヘクタールの農地で米や野菜を作り、ネット販売など独自の販路で全国の消費者に届けてきた。

まずは採れたてのキュウリに舌鼓。風が吹き抜ける丘の上で、同NPO法人理事長を務める同農園のオーナー、斎藤登さん（58）の話に耳を傾ける。

農園で生産する米や野菜はすべて放射線測定機で検査される。ほぼ一〇〇％、基準値を上回る物はない。それでも特に米で「風評」というイメージダウンの被害を感じるという。

「数値で問題がなくても、福島産を敬遠する消費者はいて、価格が抑えられる。この『なんとなく症候群』を乗り越えるには、消費者と顔が見えるつきあいを重ねていくしかない」。同農園では納豆菌を使って、水田の底に付着したセシウムを取り除く実験などもしている。

次に、川俣町山木屋地区で納豆「こだわり一豆賞」などを製造するカミノ製作所を訪ねる。山木屋地区は避難指示解除準備区域。来年三月の解除を目指しているが、まだ夜間の宿泊は不可。居住制限区域で食品加工をしている例は極めて珍しい。

社長の神野三和子さん（62）によると、納豆生産を再開したのは昨年十二月。「復興を待つ山木屋でまず一歩を踏み出すのが大切」と決断したという。

安全対策は入念にした。十五平方メートルのクリーンルームを造り、製造機器はすべてこの中に収めた。工場に入るには、フットカバー、帽子を身に着け、入り口でエアシャワーを浴びる。使用する水は放射性物質も除去できる浄水器を通す。

生産能力は一日につき約七千二百個。しかし現状で売れるのは、その半分ほどの数だ。

翌日は、福島市飯坂町の菱沼農園に向かう。福島ブランドの桃「あかつき」の収穫が最盛期で食べ放題となった。中には五つを平らげた参加者もいた。

同園の四代目、菱沼健司《たけし》さん（32）は「最近はようやく震災前の売り上げに戻りつつある」と話す。しかし、五年前は通常三キロで三千円前後の桃を十円、百円などで買いたたかれたことも。贈答用に毎年果物を購入していた顧客も離れた。逆風の中で、果樹二千本を高圧洗浄機で洗い、汚染なしの実績を積み上げてきた。

最後は福島市内にある大黒屋豆腐店でお土産を買う。四代続いた同店も量販店への卸が厳しくなり、昨年からオリジナル商品の直売やネット販売に力を入れている。ここでは農家民宿「遊《ゆ》雲《う》の里」産の野菜の直売もあった。

原発事故で農業や農産物加工業に見切りをつけた人は多い。一方で創意工夫と努力で活路を見いだそうとしている人も多い。そうした人々に会って元気をもらえるのが、このツアーの楽しみともいえるだろう。

菱沼農園で桃を試食するツアーの参加者＝福島市飯坂町で

＊　＊　＊

登場した商品はネット販売「里山ガーデンファーム」で購入可能。問い合わせは二本松農園＝電０２４３（２４）１００１。

（二〇一六年八月九日）

8 「伊達もんもの家」の取り組み　帰還した母子に寄り添う

東京電力福島第一原発事故の直後、幼い子どもの手を引いて福島県外へ避難した母子がたくさんいた。あれから六年半。今でも県外にとどまる母子がいる一方で、故郷へ戻り、新しい暮らしを始めた母子もいる。帰還した母たちは、かつての平和な暮らしを取り戻したのだろうか。避難体験者が集まる伊達市の交流サロンを訪ねた。

伊達市は人口約六万人ののどかな街で、第一原発の北西約六十キロの内陸部に位置する。原発事故後は避難区域に指定されなかった。しかし、部分的に放射線量が高い地域もあり、約九百人が県外に自主避難した。現時点で四百人弱が帰還し、残る五百人ほどは避難を続けている。その多くは母子である。

住宅街の一角に、昨年九月にオープンした「伊達もんもの家」がある。「もんも」は特産のモモの意味。看板には「子育て世代と高齢者交流サロン」。さらに「おしゃべりと学びの場」と書いてある。

開設の目的を運営責任者の半田節彦さん（76）が説明してくれた。「避難先から帰って来たお母さんたちが直面する問題はたくさんあります。放射能は本当に大丈夫なのか、離れていた地域の人々や家族と人間関係を再構築できるのかなど、不安におののいている。そんなお母さん方が心を開いて話し合える場所が必要であると考えたんです」

母体は、原発事故前の二〇〇〇年に設立されたＮＰＯ法人「りょうぜん里山がっこう」。自然豊かな農園で子どもの体験教室などを企画してきた団体だ。事故後も、県外への疎開ツアーなどを実施する一方、体験教室を再開した。

だが、避難先から県内に戻った母親には、体験教室に複雑な思いを抱く人もいたという。

「伊達市の場合、除染が十分ではない区域もある。それなのに、安全ですと一方的に言われると、拒否反応を起こしてしまうんです。子どもを外で遊ばせるなんてとんでもないとか」

夫や親に説得されて意に沿わぬまま帰還した人もいる。そんな人は「外にいるだけで呼吸ができなくなる」と訴えた。「故郷に残って元気にしている人々を目の当たりにすると、逃げた自分は悪かったのかと思えてしまう」と漏らした人もいた。

そうした母親たちに、どこまでも寄り添う。そんな目的で「もんもの家」は始まった。

スタッフは半田さんを除く三人全員が女性で、県外へ避難した経験を持っている。

佐藤真由美さん（42）は、昨年十一月までの五年半、二人の子どもと一緒に静岡県伊東市で過ごした。高橋寛子さん（38）と新井芳美さん（34）は山形県から帰ってきた。三人は今年三月にまとめた冊子「避難体験記録―原発事故に揺らぐ自主避難者の想《おも》いと決断」の中で、それぞれの体験を語っている。

共通するのは、避難する時も帰る時も、身を引き裂かれるようなつらい選択を強いられ、苦しんだ経験だ。地域社会や親族との間にできた空白を、いまだに埋めきれないという悩みも抱えている。

佐藤さんはこう話す。

「来所する方に『もう安全だから』とか『帰って来てよかったでしょ』などという言葉は決していいません。コンピューター教室や放射線測定会、子育てサロンなどをしながら、普通のおしゃべりをする。そうして心を開いてもらい、支え合うのが大切だと話し合っています」

女性たちの話に、原発事故から人々が受けた心の傷の深さを、改めて思い知らされる。

＊　＊　＊

「伊達もんもの家」の連絡先は＝電０８０（３３３９）０６５７＝へ。

「伊達もんもの家」のスタッフ。半田さん（左）、新井さん（中央奥）、高橋さん（同手前）、佐藤さん（右）＝福島県伊達市で

（福島県伊達市の位置）

（二〇一七年九月一二日）

9　大学生が主催した米コンテスト　いまだ残る逆風の中で

新米が店頭に並ぶ季節。福島市では今月、福島県内の農家が手塩にかけて育てた米の味を競う「ふくしま・かわまた米コンテスト」が開催された。運営に当たったのは地元の福島大生。東京電力福島第一原発事故から六年八カ月余りが過ぎても、福島の農産物、特に米に対する汚染のイメージはまだ残る。そんな逆風をはねのけようと、若者たちが知恵を出し合っている。

コンテストは三回目。県北部に位置する福島市、川俣町の米作農家九十五軒が計九十七品を出し、味や香り、見栄えなどの項目で競った。

食味計などの機械による一次審査で上位十品を選び、「決勝戦」ともいえる二次審査は二十三日、JR福島駅近くのビルであった。福島市副市長、川俣町長など十二人の審査員が炊きあがった十品を食べ比べ、用紙に評価を書き込んだ。

一位の金賞に輝いたのは、福島市で父と農業を営む平野和宏さん（58）のコシヒカリ。平野さんは「体調が悪くて出席できなかった父親に報告したい。原発事故の後は気持ちが落ち込んだが、米作りを続けて良かった」とはにかみながらも喜びの言葉を口にした。

審査の前後には、審査結果を予想する一般参加者の投票、小学生たちを対象とした「お米クイズ」などもあり、会場は笑顔でいっぱいだった。

イベントの一切を仕切ったのは、福島大経済経営学類の小山良太教授ゼミナールで学ぶ約三十人だった。

ゼミでは、原発事故後の福島のイメージダウンに苦しむ農家と消費者を結び付けるために青空市場を企画したり、農産物や加工品に含まれる放射性物質の測定会を開催したりしてきた。

二〇一五年からは、福島市郊外に水田を借りて米作りもしている。名前は「おかわり農園」。ここで育った米を食べた人が「おかわり！」といってくれたらうれしい。そんな意味を込めたという。ほとんどの学生が米作りは初体験だ。

やはり農家出身ではない副ゼミ長の合田航平さん（20）は「一年生のころから南相馬市で復興の手助けなどしてきました。いろいろと試すうちに、福島の復興の軸はやはり農業だと思うようになりました」と話す。

おかわり農園で作った米は、自分たちで企画するコンテストに出品してきた。初回こそ最下位だったが、昨年が六十七位、今年は二十位と順位を上げている。「プロの農家に教わりながら工夫を重ねた。除草薬を使わず、草刈りに手間をかけたのも効果があった」と話す。

小山教授は「コンテストの最も大きな意味は、良い米をつくろうと競い合う気持ちが生まれること。こうした底上げが福島県の米の評価を高めることにつながる」と話す。

県内では原発事故後、収穫した米の全量・全袋について放射能検査を実施。一五年からは、基準値である一キロ当たり一〇〇ベクレル超の米は出ておらず、今年は同五〇ベクレル超もゼロだった。

しかし全量・全袋検査にかかる費用、手間が農家の経営を圧迫しているのも事実。サンプリング検査への切り替えも検討される。だが、ようやく回復し始めた福島米のイメージを考えると、変更には勇気が要る。

小山教授は「放射能と向き合うことで農地管理が徹底された側面もある。全量・全袋検査が縮小になってもこの徹底管理を続けることが大切」と話す。

福島の米作りはこれからが正念場。大きな希望は若い力だ。

（二〇一七年一一月二八日）

「おかわり農園」で田植えに取り組む福島大生ら＝福島市で

10　飯舘村「花の仙人」の夢　被災地に花園を造る

来年三月の避難指示解除を目指す福島県飯舘村で夢のある計画が進行している。山に囲まれた水田跡地に桜やバラなどを植え、桃源郷のような花園を造るのだという。題して「マキバノハナゾノ」プロジェクト。計画の主役は、「花の仙人」とも呼ばれる大久保金一さん（76）。さて、どんな計画なのか。

大久保さんの自宅と農地は飯舘村の中心部から離れた標高八百メートルほどの山の中腹にある。周囲二キロ四方に民家はない。

秋色に染まった林に囲まれて一ヘクタールほどの水田、二十アールほどの畑がある。とはいっても、原発事故後に耕作はされていない。水田は除染のために表土をはぎとり、山から取って来た砂をまいた。白ちゃけた砂はコンクリートのように固まり、無残な姿をさらしている。

その水田跡地や裏山の斜面に等間隔で桜の苗木が植えられている。全部で五百本にもなる。

大久保さんは話し始めた。

「三年後ぐらいの春には、一帯がピンク色に染まる景色が見られるんじゃないかな。おれは年も年だし、見られるかどうか。でも誰かが見てくれたらいいんだ。ここで農業をした人間がいて、原発事故があった。この村をよみがえらせようと頑張った人たちもいた。そんなことを思い出してくれたらいい」

この場所に、父親が入植したのは一九四七（昭和二十二）年。父が亡くなると、金一さんは母と二人で田畑を守ってきた。

国の政策に振り回されることの連続だった。最初は米作りを目指したが減反政策がやってきた。仕方なく葉タバコを育てたが、しばらくすると「生産過剰だから作るな」といわれた。

次に取り組んだのが切り花の栽培だった。出荷用の切り花を作りながら、好きな花ばかりを集めた花園が欲しいと考えた。

もともと、山の中に咲くカタギリソウやノイチゴなどの山野草が大好きだった。花園は「マキバノハナゾノ」と名付けようと決めていた。一帯は放牧場に使われた歴史があり、戦前に住み着いた炭焼きの人々は、ここを「マキバ」と呼んだからだ。

「でも中途半端のまま実現はしなかった。農作業に追われて、とても余裕がなかったのさ」

皮肉なことに原発事故が夢を現実にする。仮設住宅への避難を余儀なくされた大久保さんは、桜の苗木やスイセンの球根を手に入れては自宅に通い、一人で植えた。無人となった村ではイノシシやウサギ、サル、ハクビシンといった野生動物が暴れ回っている。植えた苗を掘り起こされては、また植える。たった一人の孤独な作業だ。家の周りの除染も自分でした。

そのうちに協力する人々が現れた。飯舘村の農家有志や県外からのボランティア、研究者らでつくるNPO「ふくしま再生の会」（田尾陽一理事長）の面々だ。同会による植樹会が開かれるようになった。風の音しかしない山里に、にぎやかな歓声が響き始めた。

飯舘村出身の大学院生、佐藤聡太さんらの若者グループは今、マキバノハナゾノの一角に来春までにバラ園を造ろうと計画している。孫のような世代の挑戦に、「そんなんじゃだめだべ」と、あれこれとアドバイスするのが大久保さんの楽しみだ。

取材をしていると正体不明のトラックがやってきた。不要の農業機械を買うという。「この村では、もう農業はできないでしょう」。つたない日本語でいう中年女性のあけすけな

桜の手入れをする大久保さん＝福島県飯舘村で

言葉に、大久保さんは声を荒らげるでもなく、答えた。
「いや、まだ使うのさ」

（二〇一六年一一月一日）

11　子ども獅子舞を守る　原発過疎の福島市大波地区で

福島県内の農村には、田植え踊りや獅子舞など数多くの伝統芸能が残っている。収穫を喜び、子孫の繁栄を願った、人々の祈りの結晶ともいえる。「大波住吉神社三匹獅子舞」（福島市）もそのひとつ。ところが、福島第一原発の事故で存続の危機に直面した。地域が放射性物質で汚染され、舞い手である子どもが集まらない。地域の結束の証しでもある獅子舞を次世代につなごうと必死の努力が続いている。

今月三日、福島市内で伝統芸能の祭典「ふくのさと祭り」が開催された。県内各地で受け継がれてきた踊り、神楽などを集めて震災後に始まった祭りだ。

「大波住吉神社三匹獅子舞」の一行も登場。太鼓に合わせて、獅子頭やお面を着けた四人の子どもたちが舞を披露した。舞い終わると会場から「大波は大変なんだよね」「がんばって」と声援が飛んだ。一行は深々と頭を下げた。

大波地区は福島市の中心部から東へ約七キロ。福島盆地を囲う山の外側に位置する戸数四百ほどの山里だ。保存会の大波勝弘会長（75）によると、獅子舞は少なくとも二百年前から伝承されてきた。

獅子舞とはいっても、正月の風物詩になっている関東のそれとはイメージが違う。著名な民俗芸能研究家の懸田弘訓《かけたひろのり》さんによると、ここでいう獅子とは、ライオンではなく、昔から食肉とされた「イノシシ」「カノシシ」（鹿）などの野生動物の意味だという。

「殺した動物を供養し、畑を荒らさないように願い、五穀豊穣《ほうじょう》を祈った。もともと県内には二百以上の獅子舞があり、特に阿武隈山地では舞い手は子どもに限定されることが多い」と懸田さんは話す。

大波地区の場合も、舞い手の四人は小学一年から中学一年までの少年、しかも地区の家の長男と決まっていた。雄獅子が一人、雌獅子が二人、道六《とうろく》と呼ばれる道化が一人。秋になると選抜されて稽古を始め、十月に地区の鎮守である住吉神社の祭りで披露する。

そんなのどかな山里が放射性物質を含んだ雲の通り道になった。どれほどの線量なのか。

住吉神社の境内に掲示板が立っていた。今年四月の除染後の数値で毎時〇・四二マイクロシーベルト。大波小学校付近も毎時〇・二五マイクロシーベルトほどはある。福島市の市街地の三～四倍程度の数値だ。

避難する家が増え、人口流出に拍車がかかった。四十人ほどいた大波小学校の児童は一人にまで落ち込んだ。とうとう来年は廃校になることが決まった。

地区の中で舞い手を見つけるのは難しくなった。大波さんら保存会は、八方手を尽くして探した。今年集まったのは、四人のうち三人が女子、全員が地区外に住む子どもたちだ。厳格に守ってきた決まり事には外れるが、「それでもありがたい」と大波さんは話す。

ただし、来年のこととなると、「わからない」と答えるしかない。「なんとしても続けたいとは思う。大波は風評被害で農業の継続も厳しい。この獅子舞がなくなれば、地域も…。そんな気持ちになります」

そのための労苦はいとわない。先月は子供が集う「伝統文化子ども教室」に足を運び、舞の所作を教えた。「何人かの心に獅子舞が入ってくれたらいい」と何度も踊りを繰り返した。

（二〇一六年一一月八日）

三匹獅子舞を踊る子どもたち

大波地区の住吉神社境内。除染後も高い
線量を示す＝いずれも福島市で

12　飯舘村「ようこそ」補助金　被災地の今、村人の姿を知って

福島県飯舘村が打ち出した「ようこそ」補助金について、本欄で紹介したのは今年七月。被災地の今を知ってもらうため、村を訪問した旅人に交通費の片道分を支給する仕組みだ。この制度を利用して、かつて阪神・淡路大震災を経験した神戸の市民団体が先月、福島にやってきた。一行は飯舘村を起点に被災地を巡った。当初は異例の大盤振る舞いとも映った「ようこそ」補助金。悲劇の風化を防ぐ大きな力になるかもしれない。

福島を訪れたのは、神戸市を拠点に活動する市民団体「ＮＨＫ問題を考える会」の六人。代表の西川幸さん（75）によると、同会はメディアウオッチを軸に憲法、人権問題などに関心を持ちながら定期的に講演会を主催するなどしてきた。

本欄の記事で「ようこそ」補助金の制度を知り、活用しようと準備を進めたという。

制度についておさらいすると、村に「ふるさと納税」をしたり、村の子供を支援する「いいたてっ子未来基金」に寄付したりした人が村を訪問すれば、村までの交通費を上限六万円まで受給できる。申請書を提出すれば後日指定口座に振り込まれる。利用は一人年に一

回。期間は来年三月三十一日まで。

村の現状を広く知ってもらうことが趣旨だが、宿泊施設がないなど訪問客の受け入れ態勢が十分ではないこともあり、利用者が旅程の前後に周辺の被災地などを巡ることも認めている。

西川さんらの村までの行程は次の通りだった。

自宅から地下鉄、バスなどで神戸空港へ。空路福島空港へ飛び、リムジンバスでＪＲ郡山駅へ。東北新幹線で福島駅に行き、知人の車で飯舘村へ。

役場に着き、手続きを済ませると支給額はすぐに決まった。一人当たり約四万四千円。誰ともなく「うわ、ほんまにいただけるんや」と驚きの声が上がった。疑っていたわけではないだろうが、この反応はなんとなく理解できる。世知辛い世の中、これほどの気前の良さに遭遇する機会はめったにない。

しかし、担当の三瓶真・総務課企画係長は「せっかく作った制度なので、おおいに利用してもらっていいのです」。すでに五十人ほどが利用したという。

手続きの後、三瓶係長から村の現状についての説明もあった。村では今年四月、東京電力福島第一原発事故以来六年続いた避難指示が、大部分の地域で解除となった。しかし十月一日現在の居住者は五百十五人。本来の人口五千九百九十五人の一割にも満たない。主幹産業である農業の再生の道も険しい。

「それでも努力を惜しまない村人の姿こそを見てほしい。全国に伝えてほしい」と三瓶係長は力をこめて話し、西川さんらは熱心に聞き入った。八月に村に開業したばかりの道の駅では昼食も楽しんだ。

その後、一行は南相馬市小高区へ。原発事故と東日本大震災による津波の二重被害を受けた故郷を再建するため、河津桜を植え続ける佐藤宏光さん（62）の話を聞いた。参加者は荒れ地となった津波被災地を目の当たりにして言葉を失った。

宿泊は、二本松市東和地区の農家民宿「遊雲《ゆう》の里」。主人の菅野正寿さん（58）は、放射能汚染と闘いながら有機農業を実践している。新鮮な野菜中心の料理を堪能した。

翌朝は帰還困難区域の大熊町へ向かった。被ばく牛を生かすために「モウモウプロジェクト」を立ち上げた谷咲月さん（36）に会う。「モウ」は英語で「草を刈る」の意味。荒れた元農地を牛の力で復元する活動のビジネス化を目指している女性だ。七頭の牛に出迎えられた一行はあまりの人懐っこさにびっくりしていた。

「飯舘をはじめ、七年目の被災地の厳しい現実がよく分かりました。それにも負けず、

津波、原発の二重被災地で佐藤宏光さん（右端）の話を聞く一行＝南相馬市小高区で

活路を見いだそうと奮闘している人たちの存在も知った。応援したいと心から思います」と西川さんは話した。

＊　＊　＊

飯舘村「ようこそ」補助金に関する問い合わせは村役場総務課企画係＝電０２４４（４２）１６１３＝へ。

（二〇一七年一一月七日）

13 花で浪江を元気にしよう
農業者組織「花・夢・想みらい塾」発足

原発被災地の福島県浪江町を花の一大産地にすることを目指す農業者組織「花《はな》・夢《む》・想《そう》みらい塾」浪江町花卉《かき》研究会」が今月、発足した。会長に就任したのは本欄に何度も登場してもらった川村博さん（62）＝NPO法人Jin代表。全町避難となった浪江町にいち早く戻り、放射能と〝格闘〟しながら農業による町の復興を目指してきた人だ。夢は実を結びつつあるのだろうか。

十九日、町役場で「研究会」の設立総会があった。集まったのは花卉農家や新規就農者など十四人。会長に推された川村さんは「本格的な自立をしなければならないときが来た。花で浪江を元気にしよう」と話した。

後日、農場を訪ねた。

「覚悟を決めてやる。その意思表示をしたいと思ったんです」と川村さんは話し始めた。

これまでの経緯を簡単に振り返っておきたい。浪江町の農家の長男に生まれた川村さんは、福祉の道を志し、町内で高齢者や障害者の施設を運営していた。ところが二〇一一年三月に東京電力福島第一原発の事故が起き、浪江町は立ち入り禁止の警戒区域となる。避難先でもデイケアセンターを開設したが、お年寄りたちは畑仕事を望んだ。

そこで二年後に町への出入りが許可になると、事業所の隣に農園を造った。お年寄りをバスに乗せ、農園で作業をしてもらうと大喜びだった。そこから「農業で復興へ」とかじを切る。

だが容易ではない。最初の作物のトウガラシから基準値を上回るセシウムが出た。浪江産の野菜はスーパーも仕入れを拒否した。悩んだ揚げ句、食べ物ではない花に活路を求めた。収益性の高いトルコギキョウやリンドウ、ストックなどをビニールハウスで育てる。長野県まで技術を習いに行った。

トルコギキョウを初出荷した一四年八月からちょうど三年。花づくりは軌道に乗りつつあるという。

川村さんの農場だけで、ビニールハウスは十六棟に増え、東京の花卸業者から一目置かれるようになった。すると避難していた周辺の農家の中にも花栽培を目指す人が出てきた。

「浪江町全体で一億円の売り上げが目標。おそらくこの目標は数年のうちにクリアできるでしょう」と自信をのぞかせる。

だが町の復興となると、楽観ばかりはしていない。

浪江町は今春、帰還困難区域を除いて居住制限が解除となった。だが現時点で帰還した人は二百八十人ほど。事故前の人口二万一千五百人の一・三%にすぎない。耕作をする人がいなくなり農地は荒れる一方だ。規制解除から三年間は農地の保全管理のための補助金が出る。これがあるうちは人を雇っても草刈り程度はできるが、補助金が打ち切りになれば、いよいよ放棄する人が出てくる。町は野生動物の楽園になりかねない。

「荒れ地になるのを防ぐには、手間のかからない、生け花用の花木などを水田や畑に植えるのがいい。季節になれば一面の花盛りになり、観光客も来るかもしれない。ハウス栽培の切り花と合わせて、浪江を花の町にするんですよ」

生業として成り立たせる勝算はあるのだという。だが立ちはだかるのが人手不足。これは浪江町に限らず、被災地が共通して抱える根源的な悩みだ。

東京都内から通って来る大学生らがいて、淡い期待を抱かせてはくれる。「でも、これだけは自分で決めることだからね。ただ若者に知ってほしいとは思う。農業には夢がある。お金だって意外にもうかる。こんなにいい商売はない」
川村さんの奮闘は、まだまだ続きそうだ。

（二〇一七年八月二九日）

オリジナルブランドのトルコギキョウ「Jin ふるーる」を前に川村さん。「全国に届けて浪江町のシンボルにしたい」＝福島県浪江町で

14　被災地を河津桜の里に　南相馬市小高区の人々の夢

昨年七月に避難指示が解除された福島県南相馬市小高区で、今春、早咲きの河津桜の苗木が花を付けた。ほんの数輪の花ではあるが、特別な意味を持っている。「何もなくなったこの町を、いつか東北一の河津桜の里にしてやろうと思うんだ」。「おだか千本桜プロジェクト」の佐藤宏光さん（64）が夢を語る。落胆と絶望の淵からようやく見えた一筋の光、それこそが濃い桃色に輝く河津桜の花だ。

古い城下町の中心部を小高川が流れている。堤防の上にソメイヨシノが並んでいるが、東北の春は遅く、咲き誇るのは例年四月二十日ごろになる。

まだ冬色の堤防の斜面で、佐藤さんが「ほら、咲いているよ」と子供のような声をあげた。

見ると、高さ一メートルほどの河津桜の先に花が付いていた。二年前に植えた苗木だそうだ。

「見栄えがするようになるのは五年目ぐらいからか。将来は三月の初旬には花見ができるよ」とうれしそうに話した。

小高区は福島第一原発から北へ二十キロの位置にある。事故の直後に南相馬市の三つの区の中で、唯一、警戒区域に設定された。このためすべての住民は避難を余儀なくされ、五年四カ月の間、ほぼ無人の町となった。

佐藤さんたちが、町に千本の河津桜を植えるプロジェクトを発足させたのは原発事故から四年後の二〇一五年三月だった。

「何かをしたい。そればかりだったんだな。震災以前は、十人ほどの仲間たちと山や海の不法投棄ゴミを処理する活動をしていたんだ。ところが放射能で山も海も立ち入り禁止になった。メンバーは避難でばらばらになった。故郷はぼろぼろになり、憂鬱《ゆううつ》なことばかりだ。それで思い付いたのが、昔の小高にはなかった河津桜だったのよ」

佐藤さん自身の生活も追い詰められていた。南相馬市の中心部で家電販売店を経営していたが、町に人がいなくなり、廃業同然に。復興関係の電気工事を請け負ってなんとかしのいだ。

海岸部にあった自宅は津波で半壊した。家族を隣町に避難させ、自分は一時帰宅と称して、崩れかけた自宅に寝泊まりし、床や壁を直した。放射能汚染を恐れて、無人の町に来てくれる建築業者などはなかった。

「人恋しくてさ。パトロール隊が来ると、うれしいのさ。野良猫だけが話し相手だった」

頭に浮かんだのが、南伊豆の静岡県河津町。小高と差がない小さな町に、毎年二、三月の「河津桜まつり」には百万人も観光客が集まると聞いた。仲間と河津町まで視察に出掛けた。

堤防に植樹をするためには煩雑な許可申請が必要になる。周辺住民の同意もいる。ファイルに何冊もの書類を作り、協賛金を募り、その年の十二月に第一回の植樹会にこぎ着けた。以来、年二回の植樹会を続け、植えた苗木は五百十本になる。

小高区の避難指示が解除となって今月十二日で九カ月。約一割の住民が帰還し、ＪＲ常磐線が復旧。この春、小高駅から高校に通学する生徒の姿が見られるようになった。小学校にも四人の一年生が入学した。

震災前のにぎわいとは比ぶべくもないが、再生への小さな芽が育ち始めたのは間違いない。小さな河津桜の花は、その象徴と思いたい。

「赤い桜並木の下に行列ができて、露店が並んで…。そんな光景が目に浮かぶ。放射能の町というレッテルは、ずっと消えないのかもしれない。だったら、考えても仕方がない。

津波被災地に立つ佐藤さん＝福島県南相馬市小高区で

そんなイメージを吹き飛ばすような、新しい魅力的な町をつくるのが大切なんだ。震災を経験した者たちが礎をつくって、若い世代にバトンタッチしてけばいい」

佐藤さんは、元気を振り絞るように、そう話した。

＊　＊　＊

植樹会は毎年十二月と二月。参加希望者は、佐藤さん＝電０９０（２７９７）０８４７＝へ。

（二〇一七年四月一一日）

15　地域のつながり取り戻す　南相馬・小高区　住民自ら公園造り

福島県の海岸部には津波に流されて跡形もなくなってしまった集落がいくつもある。こうした荒れ地に人の息吹を取り戻そうという試みが、ささやかながら民間の手で始まった。民家の跡地などに花壇やベンチ、あずまやなどを設置して、元住民などが集える場所をつくろうという活動だ。広大な荒れ地を前に小さな再建への一歩。しかし、それは誰かが踏み出さなければならない一歩でもある。

「ここが現場です」と佐藤宏光さん（62）が案内してくれたのは、南相馬市小高区の海岸部にある大井地区だった。小高区は福島第一原発から二十キロ圏内にあり、事故直後に警戒区域に指定され、昨年七月に解除されるまで人は住めなかった。

中でも海岸部は津波被害の最前線でもあった。大井地区は十数戸の民家が流され、災害危険区域に指定された場所は、今も建物の新築が制限されている。

佐藤さんは、本欄で今年四月に紹介した市民団体「おだか千本桜プロジェクト」の会長。失われた古里の輝きを取り戻すために町中に河津桜を植える活動を続けてきた人だ。新たに取り組んでいるのが「花見ふれあい広場」の設置であるという。

用地は震災前まで民家があった約二百坪の宅地。現在は市が買い上げているが、雑草が茂り放題で荒れるに任せたままだ。

市の許可を受けた上で、ここを整備し、公園にする。完成は来年二月の予定。約七十万円の費用はインターネットなどで寄付を募っている。

ところで、なぜ公園なのか。

「震災と原発事故が壊したのは地域のつながり。力を合わせて生きてきた人々が分断されて、ばらばらになってしまった。避難先から帰って来ても引きこもりや、うつになってしまう人も多い。地域が荒れると心も荒れる。この負の循環が止まらない」と佐藤さんは話す。

「だから皆で集まって世間話でもできる場所をつくりたい。災害公営住宅に移った人は『土いじりができない』と嘆いていると聞いた。そんな人たちが、好きに花壇づくりぐらいはできるようにしてあげたい」とも。

現地に立つと、佐藤さんの言葉の意味がよくわかる。

目の前に広がる広い原野は、かつては水田だった。震災から六年が経過しても耕作する人はいない。小高区全体で帰還した人の数は二割と少なく、津波被害が重なったこの地区では、無人化がさらに激しい。

公園用地の隣の家で老夫婦が庭いじりをしていた。松下広幸さん（80）と南子《なみこ》さん（74）。二人の家も津波に襲われ、一階部分は水没した。隣の原町区に避難を余儀なくされたが、少しずつ補修を繰り返し、避難指示解除となった昨年七月に帰って来た。

「この年になって新しい土地に移ろうとか家を新築しようとか、到底考えられなかった。それでも家がなくなってしまった人は、よそに行くしかない。この周りで人が住んでいる家は三軒だけだ。昼間でも人の声が聞こえない。夜になれば真っ暗で寂しいもんだ」と広幸さん。

佐藤さんは、こうも話す。

「最初は市に公園造りをお願いしたが、待っていては何も始まらないと痛感した。時間が過ぎていけば、原発事故も震災も忘れられる。ここに人が住んでいたことさえ忘れられる。今、自分たちで動かなければ。古里再建は時間との勝負だ」

＊　＊　＊

「花見ふれあい広場」の用地に立つ佐藤さん。広大な荒れ地が震災前は、民家や水田だった。遠くに見えるのは建設中の堤防。かつては海が見えたという＝福島県南相馬市で

問い合わせは、佐藤さん＝電090（2797）0847＝へ。

（二〇一七年七月一一日）

16　酪農仲間たちに元気を「復興牧場」に懸ける五人の思い

東京電力福島第一原発の事故で福島県の産業は壊滅的な打撃を受けた。酪農も例外ではなく、事故前に五百二十五戸あった酪農家は三百二十戸に減った。うち六十三戸は、避難により今も休業したままだ。そんな酪農家たちの再開への夢をつなぐ復興牧場「フェリスラテ（幸せの牛乳）」が福島市に完成し、十月から操業を始める。総事業費十七億六千六百万円。五百八十頭の乳牛を飼い、毎日十二トンの生乳を生産する。東北で最大級の規模となる。

何より注目したいのは、若手の酪農家たちが共同で運営に参加するという新しいスタイルだ。運営会社の社長に就任した田中一正さん（44）は「軌道に乗せて酪農仲間たちに元気をあげたい」と抱負を話した。

復興牧場の事業主体は、福島県酪農業協同組合。造成、設計、施設建設費の約八割を国からの交付金で賄い、農林中央金庫からも融資を受ける。運営会社は、同県内の南相馬市、浪江町、飯舘村などで被災した酪農家五人が昨年四月に設立した。社長の田中さんは、特に異色の経歴を持っている。

東京都練馬区で生まれ、新潟で育った。学校で酪農を学び、栃木県にある大型の牧場で働いた。三十歳のときに「好きな牛を、好きなだけ手をかけて育てたい」と独立し、飯舘村に入植した。

ところが十年が経過し、経営も安定してきたところに震災が起きた。泣く泣く牛を処分し、山形県などの牧場で働いた。その後、福島県内にＮＰＯ法人が運営する牧場があることを知り、理事として加わった。

今回は組合から打診を受け、「自分がやるしかない」と決心した。「震災で牛たちにかわいそうな思いをさせた。今度は牛にも人にも優しい幸せの牧場をつくりたい。五百頭の規模になっても、二十頭のころと同じような手間をかけてやりたい」。自分に言い聞かせるように話す。

残る四人の共同経営者もつらい経験をしてきた。浪江町で二十頭ほどのホルスタインを飼っていた宮田幸雄さん（53）は今も福島県本宮市の仮設住宅で暮らしている。「自宅は避難指示解除準備区域なので、二年後に帰れる可能性はある。しかしもう一度、元の場所で酪農をできるかは難しい。今回は条件が良いので参加した。ここを軌道に乗せて生活を取り戻したい」と決意を語った。

但野賢士さん（44）は、避難先の山形県に妻と十一歳の男児を置いてきた。「子どもは山形の学校になじんでいるみたい。当分は寂しいけど単身赴任です。暗い家に帰って自炊するのは本当に嫌だけど」と笑った。

牧場長になる長谷川義宗さん（36）は飯舘村の酪農家の次男。「転職となると、この年齢では厳しいのがよくわかった。ここで勝負をしたい」という。

門馬秀昭さん（52）は、帰還困難区域の浪江町津島地区の出身だけに「帰るのは難しいからね」と言葉少なだった。

県酪農協によると、放射性物質を含む製品が出回らないように、原乳に関する放射性物質の自主基準値を国よりも厳しい一キロあたり一〇ベクレル未満としてモニタリング検査を行うなどの対応を取っており、これまでに放射性物質が検出されたこともない。それでも「福島産」のイメージは完全に回復したわけではない。県全体の出荷量は震災前の七割程度にとどまっているという。

宗像実組合長は、こう話す。

「信頼は地道な確かな仕事で勝ち取っていくしかない。経営に参加してくれた五人は、この牧場で若い酪農家を育ててほしい。この牧場が福島全体の復興の拠点になってくれればいい」

（二〇一五年九月二九日）

「幸せの牧場にしたい」と話す田中一正社長

25日に開かれた復興牧場の落成記念式典には多数の見学者が集まった＝いずれも福島市で

17　復興を見続けて「かしまの一本松」伐採へ

「かしまの一本松」の物語を覚えている読者は多いのでは。

東日本大震災で福島県南相馬市鹿島区の右田浜《みぎたはま》海岸は甚大な津波被害を受けた。多数の住民が海に流され、松林も壊滅した。ところが、たった一本の松だけが生き残る。地域の人々は、この松に希望を託し、力を合わせて保護に努めた。しかし、樹勢が衰え始める。よみがえれ、負けるな、一本松ー。そんな話を本欄で取り上げたのは一昨年の十二月だった。あれから一年が過ぎた。残念ながら一本松は力尽き、年内にも伐採されることになった。「つらい時期に勇気をもらった」と惜しむ声は尽きない。震災からまもなく六年を迎える被災地に区切りの季節が訪れようとしている。

右田浜は福島第一原発から北へ約三十キロの位置にある。かつては松林に守られて五十戸ほどの集落があり、海水浴やサーフィンの行楽客でにぎわった。

すべてが津波に流されて、今は原野だ。かさ上げ工事のためにダンプカーが土煙とともに走り抜け、重機がうなりをあげている。再建中の堤防の向こうに太平洋の荒波が見える。

吹きつのる北風に耐えるように、一本松は立っていた。

「かしまの一本松を守る会」会長の五賀《ごが》和雄さん（76）が「よく見たら弱っているのがわかります。これ以上、良くなる見込みはない。あきらめるしかない」と小さな声で話した。

たしかに枝の先に付いた葉は、ほとんどが茶色。幹にも樹皮がはがれた傷痕が目立つ。壊れた堤防から高潮が浸入するたびにダメージを受けたという。根の周りに土のうを積んだり、薬剤を投与したりとできることはすべてしたが、回復させることはできなかった。

一帯は盛り土して防災林が整備される予定で、工事が進めば枯れ死した松は伐採される。秋までに、そのときはやって来るだろうという。

ただし努力は無駄ではなかった。一本松を囲んでたくさんの人の気持ちが集まった。「守る会」は当初は地元の住民だけだったが、物語が広まるうちに全国から入会者が相次ぎ、百六十四人に増えた。愛知県や三重県から参加する人もいた。

昨年十二月、一本松を擬人化した「一本松太郎」のキャラクターが誕生。イラストが飾ってある。作者は若いイラストレーターの卵だそうだ。

そうした声援は、うちひしがれた地域の人々の気持ちをどれほど和ませたか。

跡地には、小さなメモリアルパークを造る計画だ。一本松の種から育てた苗木二十本ほどを植え、津波犠牲者の鎮魂碑を建てる。「そうだ、駐車場もつくらなきゃな」と説明しながら、五賀さんの言葉が途切れた。

行政区の南右田区の区長だったこともあり、津波で亡くなった五十四人全員の顔を覚えているという。

「みんなの魂は、まだ海を漂っている気がするんだよ。松がなくなったら目印がなくて困るかな」と声を絞り出した。

災害危険区域に指定されたため、一帯に居住することはできなくなった。三百四十人いた住民は散り散りになり、三月二十五日に南右田区の閉区式がある。

五賀さんも五キロほど離れた場所に新しい家を買い、息子夫婦と住み始めた。家族は「恐ろしいから海の近くはこりごり」と話しているそうだ。

五賀さん本人は、毎朝、目が覚めると、ここにやって来る。

一本松の向こうの海から昇る朝日をデジタルカメラに収めるのが日課になった。

「写真が趣味だというわけじゃないよ。最後の日まで記録に残すためだ。あと何枚の写真が撮れるんだろうな」

伐採が決まった松をいとおしむ五賀さん＝福島県南相馬市で

（二〇一七年二月七日）

二

原発と戦う

1　山形県避難者の声から「帰還強要」募る不信感

福島第一原発の事故で今も福島県外に避難している人は四万人以上もいる。県は、このうち自主避難者に対する唯一の支援策である住宅の無償提供を来年三月末で打ち切る方針を提示。県外避難者の間に不安と動揺が広がっている。帰還を強要する国や県に「なぜ古里は冷ややかなのか」と強い不信感を抱いてもいるようだ。

山形県米沢市は奥羽山脈の栗子峠を隔てて福島市と隣接している。車で走れば一時間ほどで行き来ができる距離だ。このために事故後、米沢市には四千人近い福島県民が逃げ込んだ。今も七百人弱がとどまっている。そのうちの一部の人から近況を聞くことができた。

米沢市の避難者の多くは雇用促進住宅に無償入居している。先月、同住宅の居住者に「意向確認書」が配られた。

無償提供の期間が来年三月三十一日をもって終了するため、その後の有償による継続入居を希望するか、希望しないか、該当する方へ丸を付けよ、という内容だった。

「無償で継続入居を希望するという選択肢がない。どうしたらいいの」。子供二人を連れて避難をしているシングルマザーの女性（39）が顔を曇らせた。

子供を連れて、まだ放射線量の高い福島県内に帰るつもりはないという。だが米沢市で見つけられた仕事はパートだけだった。保育費やミルク代に困り、抑うつ状態になった。誰にも会いたくなくなり、部屋に閉じこもった。このうえ家賃の支払いが増えれば家計は破綻する。

避難者は一様に東京電力からの賠償金を得ているという誤解が世間では横行している。だが避難指示区域外から逃げてきた自主避難者の場合、賠償は大人で原則十二万円にとどまる。

福島県は自主避難者に対し、来年四月以降、最初の一年間は家賃の半額を、二年目は三分の一を補助するとしている。しかし三年目にはゼロになる。

ところで、話を聞いた避難者の中に、福島県への帰還を決めた人は一人もいなかった。

理由はおおむね三つだ。

第一は、やはり放射能汚染の恐怖。夫を県内に残して幼い子供三人と暮らしている女性（38）は、「会社員の夫は帰ってきたらどうかといいます。でも私はとてもそんな気持ちにはなれない。この話をするとけんかになるので黙っている」と話す。

逆に夫の方が避難に積極的だったと話す女性（40）もいた。

「二人の娘が小学生だったので。夫は福島県内まで片道二時間をかけて通勤しています。それでも本人は耐える覚悟でした。さすがに最近は疲れがたまってきたようで心配です」

第二は、歳月が避難先との強い結び付きを生んだこと。

子供が山形で高校に進学したり、就職したという人もいた。

「最初は不登校だった子供も、山形は避難者が多いせいか人の気遣いがあり、少しずつ慣れたんです。子供に五年半は長い。今はここが故郷です」

また六十八歳の女性の場合、一緒に避難していた夫が昨年四月に急性心不全で亡くなった。

「嫁に入った家に一人で帰れといわれてもね。友だちもできたし、このままの方がいい」

そして三番目。言葉の端々からうかがえたのは、「納得できない」思いだ。避難は、仕事を捨てたり、家族と別れたりと、大きな犠牲を払った選択だった。人生の歯車は狂った。帰れば、そうした苦難はなかったも同然となり、被災者は普通の県民に戻る。国も県もそれを望んでいるらしい。では、この五年半は、ただの悪夢だったとでもいうのか…。

山形県に避難する人々と支援者たちは「住宅支援の延長を求める会」を結成し、署名を

米沢市内に初雪が降った。避難先で６度目の冬がやってくる＝山形県米沢市で

集める一方で、内堀雅雄・福島県知事との面談を求めている。現時点で内堀知事は面談に応じていない。米沢では雪が舞い始めた。長い冬が始まる。

（二〇一六年一一月二二日）

2 「古里を失う」とは　原発賠償裁判・山木屋検証から

東京電力福島第一原発の被災者が「古里を喪失した」として、東電に慰謝料を求めた訴訟で、福島地裁いわき支部は今月十日、避難指示が出ている川俣町山木屋地区で被害を確認する検証を実施した。同訴訟の検証は七月と九月に続き三回目。島村典男裁判長と原告、被告双方の弁護団が参加した。この検証で、原告側が示したのは、原発事故により崩壊した地域の結び付きの意味だった。古里喪失とは、どういうことなのだろう。

山木屋地区は原発から北西に約四十キロ。阿武隈山地の中にある人口約千三百人の農村だ。事故後、居住制限、避難指示解除準備区域に指定された。政府は先月、来年三月末に解除することを決定した。

米倉啓示さん（68）は、この地区で総面積三十ヘクタールに及ぶ広大な牧場を経営していた。だが今、厩舎《きゅうしゃ》やサイロは朽ち果て、取り壊し工事が進んでいる。

裁判官を案内しながら米倉さんは何度も繰り返した。

「ここには私の夢のすべてがあったのです」

地区内の農家の次男坊に生まれた啓示さんは首都圏の大学でロボット工学を学んだ。一方で安全な食品、特に牛乳に興味を持ち、仲間と研究会を始めた。スイスに一年半の農業実習にも出掛けた。帰国後、本場で学んだ山地酪農を実践しようと思い立ち、山木屋に牧場を開いたのは三十二歳のときだった。

初めは草木ひとつ生えていない荒涼とした山だった。輸入した牧草の種をまき、乳牛を飼った。山の斜面に十メートルにも及ぶ横穴を掘り、チーズを置いて発酵させた。桜や果樹をたくさん植えると、小学生が遠足に来るようになった。小学生には「日本一」と自負する牛乳を振る舞った。そんな充実した日々は、しかし、三十年目で終わった。

牧場の土は一坪あたり一三五万ベクレルもの放射性物質を含むことが分かった。除染もできない。「よそでまた牧場をしたら」と慰めてくれる人がいた。しかし「それは無理さ」と答えた。

「酪農は三百六十五日休みなしの仕事。ここには、もしもの時に手助けしてくれる仲間たちがいた。だから続けられた仕事だった。よそではだめだ」

大内秀一さん（67）は農業の傍ら、「川俣スケートクラブ」の事務局長を長く務めてきた。同クラブは「田んぼリンク」をホームにしている。普通の田んぼに冬の期間だけ水を張り、凍らせて作ったスケートリンクだ。

子供たちの体力づくりにと一九八三年に始まった。やがてこのリンクでスピードスケート大会が毎年開かれるようになった。力をつけた山木屋の子供たちは、ここから全国や世界に羽ばたいた。これまで五十三人もの国体選手を輩出した。

「子供は地域の核だった。運動会をしたり、祭りをしたり、子育てをしながら、大人の心がひとつになった。その核がなくなったらどうなるか。途方に暮れる」と大内さんは話す。

事故前に七十人の児童がいた山木屋小学校は、避難指示区域の外の仮校舎に移った。現在の在籍児童は十七人。しかも三年生以下はいない。避難指示が解除されても放射線量が劇的に下がらない限り、戻ってくる子供は少ないだろう。

小学校の近くで薬局を営んできた鴫原益美さん（63）は「学校が終わると店に来て、親が迎えに来るまで遊んでいく子供も多かった。楽しかったけど、もうあんな生活は戻って来ないでしょうね」と涙を流した。

原告団約五百九十人のうち約三百人は山木屋地区の住民だ。数の多さは、この地域の結束力がいかに強かったかを物語る。

島村裁判長（右）に、牧場が崩壊した経過を説明する米倉さん（右から３人目）＝福島県川俣村で

原告団長でもある菅野清一・川俣町議会副議長は「古里とは、都会の人が考えるように感傷に浸る場所のことではない。共同体がなければ営農はできず、農村では生きられない。生活基盤が古里であり、それが崩れた。これをどれほどの価値の喪失と判断するのか。裁判官に問いたい」と話していた。

（二〇一六年一一月十五日）

3　世界に問う事故の「無念」
浪江消防団描いたアニメ　仏で上映

東日本大震災による津波で福島県浪江町の請戸《うけど》漁港付近は壊滅的な被害を受けた。生き残った人が今でも歯ぎしりをするのは、直後に福島第一原発の事故が起き、がれきに埋もれた被災者を見捨てて避難せざるを得なかったことだ。当時の地元消防団の苦悩を描いたアニメ映画「無念」が来年三月、フランスで上映されることが決まった。「原発大国の人々に原発事故の本当の悲惨さを伝えたい」と関係者は意気込んでいる。

約五十五分間のアニメ映画は、浪江町民でつくる「浪江まち物語つたえ隊」と広島市の市民グループ「まち物語制作委員会」が今年三月に完成させた。いくまさ鉄平さんが監督、福本英伸さんが絵を描き、俳優の大地康雄さんや馬場有《たもつ》・浪江町長の他、町民十六人が声で参加した。

完成後、自主上映会を開催する団体を募集したところ、申し込みが殺到。これまでに全国の三百カ所以上で上映された。

さらに、このほど英、仏語の字幕が完成。来年三月にパリ、リヨンなど仏国内四カ所で上映会が開催される。上映に合わせて「つたえ隊」メンバーらも渡仏、現地の人々と交流し、被災地の実態を伝える予定だ。

「無念」は、浪江町民が自分たちで集めた震災当時の資料や証言に基づいている。

二〇一一年三月十一日。にぎやかな漁師の町だった請戸地区を津波が襲った。たくさんの家屋が倒壊し、住民は下敷きになった。がれきと一緒に海に流された人もいた。浪江町消防団は懸命の捜索を始めた。

分団長だった高野仁久さん（54）は単身で捜索に行き、がれきの下から助けを求める声をいくつも聞いた。対策本部に戻り、「機材を持って救出に行こう」と提案するが、二次災害を恐れた町長らに止められる。この翌朝、約十キロ離れた原発が爆発し、全町避難となった。

「救える命を救えなかった無念の気持ちは今でも残る。一生背負っていくだろう」と高野さんは話す。

あれから五年半が経過した今も、請戸地区は帰還困難区域として立ち入りが制限されている。福島県の津波による死亡者は約千六百人。行方不明者は約二百人。その多くがこの地区に集中している。

浪江町から県内の桑折《こおり》町の仮設住宅に避難した小沢是寛《よしひろ》さん（71）らは、故郷の浪江町を忘れないために、震災の翌年から、地域の民話を紙芝居にする活動を始めた。ところが集まってくる物語は、民話ではなく、震災と原発事故の苦難の話ばかりだった。

紙芝居をつくるうちに、より発信力の強い媒体はないかという声が出た。そこへアニメの制作技術を持つ広島市のグループが協力を申し出た。大勢の人の気持ちが集まって完成したのが「無念」だった。

小沢さんは「浪江町は海と山と川に囲まれた美しい土地だった。そんな故郷を失って悔しい気持ちが活動の原動力になっている。原発は必要なのか。映画を見てフランスの人に判断してもらいたい」と話している。

＊　　＊　　＊

「無念」の他、「見えない雲の下で」「悠稀《ゆうき》くんの手紙」「命の次に大切なもの」の三本の短編アニメ映画も制作された。いずれも被災現場の生々しい実話を基にしている。「無念」と「見えない雲の下で」は貸し出し可能。問い合わせは、小沢さん＝電０９０（４６３８）６０５２＝へ。

アニメ映画「無念」のワンシーン

（二〇一六年一〇月四日）

4 「見捨てられるのでは…」 飯舘村長泥地区の除染問題

福島第一原発の事故で全村避難となった飯舘村。来年三月末に大部分の区域で居住制限が解除され、帰村がスタートする。祝賀ムードも漂う中、かやの外に置かれているのが長《なが》泥《どろ》地区だ。村の二十行政区の中で、ここだけが帰還困難区域に指定されており、立ち入り制限は来春以降も続く。除染の見通しもたっておらず、住民から「このまま見捨てられるのではないか」と不安な声が聞こえてくる。

「ここに来ると心が休まるんだ。避難先の福島市で、こんな気持ちになったことはないなあ。いつも周りの住民から白い目でみられているようで、小さくなって暮らしているんだ」

長泥区長の鴫原《しぎはら》良友さん（66）は、久しぶりに戻った自宅の玄関先に腰を下ろし、目を細めて話し始めた。家の前には雑草が茂る棚田が広がる。母屋の横の牛小屋には、震災前まで飼っていた六頭の和牛の名前が壁に書かれている。風の音と鳥の鳴き声以外には何も聞こえない。

この日も福島市内のみなし仮設住宅から車で約一時間をかけてやってきた。飯舘村に入ると、役場などがある一帯は活気に満ちていた。大部分の区域は夜の宿泊に制限があるが、往来は自由。来年三月の解除に向けて豪華な公民館が完成するなど華やいでいる。だが、長泥地区の入り口に来ると、震災直後に引き戻された気分になる。ゲートがあり、住民以外は特別な許可がないと立ち入りできない。

震災前、長泥地区には約二百七十人が住んでいた。

「明治の初めのころに五軒の農家が入植した。苦労して農地を開き、七十軒ほどに増えたと聞いている。結束が固く、祭りの時は田植え踊りで盛り上がった。女装をしたり、顔にひげを描いたりと楽しい踊りだ」

そんな住民が原発事故で避難を強いられた。鴫原さんは、散り散りになって暮らす住民の心をまとめる努力を続けてきた。恒例だった盆踊りを絶やすまいと、毎年秋に飯坂温泉（福島市）で住民が集まる祭りを始めた。今年は、原発事故から五年間の記録を「もどれない故郷ながどろ」という本にまとめた。

「現実には誰もが避難先で新しい生活を始めている。俺だって福島市に中古住宅を買った。そういう生活があるのは先祖がいたから。それを忘れたら心が荒れる。都会の暮らしも、いずれ破綻してしまう」

今、心を砕いているのは、長泥地区の除染を実現することだ。ほかの十九の行政区では民家周辺の除染はほぼ終了。これが帰村の前提ともなっている。だが長泥地区は手付かずで、平均して毎時二・〇〜三・〇マイクロシーベルトほどの高い線量がある。

「除染をしないのは、この土地はいらないと、見捨てるのと同じ。長泥の人は、これは差別だと心底怒っている」

政府は今月二十日、新たな福島復興指針を閣議決定した。帰還困難区域の除染やインフラ復旧を国費を投入して実施、五年後をめどに避難指示の解除を目指すという。しかし自治体ごとに「特定復興拠点」を定め、この周辺から除染などを始めるという考え方は、大熊町や双葉町など町の中心部が帰還困難区域になった自治体を想定しているように思える。長泥の場合は、飯舘村のごく一部として忘れ去られるのではないか。そんな恐れを拭い切れない。実際に国も県も村も「長泥を除染する」と明言したことは一度もない。

住民の信仰を集めた白鳥神社に案内してもらった。意外に荒れていないのは、震災後も避難先から通い、倒れた灯籠を直し、木を刈るなど、手入れを続けてきたからだという。鴫原さんが、こう話した。

自宅の前で「故郷は心のよりどころとして守っていく」と話す鴫原さん＝福島県飯舘村で

「安倍（晋三）首相は、山奥の農業なんか必要ないと考えているんだろう。一言、言ってやりたい。こんな山奥の土地でもわが故郷だ。元通りにして返す義務が国にはある。それをせずに、農業や農民をばかにしていれば、きっとこの国は滅びるよ」

（二〇一六年一二月二十七日）

5　かけがえのない故郷返して　津島原発訴訟から原告の訴え

東京電力福島第一原発の事故で避難を強いられている福島県浪江町津島地区の住民約五百人が、国や東電を相手取り原状回復と損害の完全賠償などを求めた津島原発訴訟の第十回裁判が十七日、福島地裁郡山支部であった。口頭弁論に立った原告の二人の女性は口々に、事故前のふるさとの穏やかで充実した生活、それを失った悲しみを話した。原発事故の本当の罪は、誰もが心の中に温めている、つつましくも大切な幸せを根こそぎ奪ったことにある。

津島地区は、事故を起こした原発から北西に約二十五キロ、阿武隈山地に抱かれた人口約千四百人の静かな山村だった。事故後、原発上空付近の雲は海風に乗って山側に流れ、放射性物質を地上に降らせた。このために津島地区は、事故から六年八カ月が経過した今も、帰還困難区域として立ち入りが制限されている。

弁論に立った佐野久美子さん（58）は、生まれ育った津島で夫とともに四人の子供を育てながら農業を営んできた。

佐野さんは自然とともに生きる津島の人々の生活を話した。

「春はタラの芽、ワラビ、フキなどの山菜を食べ、田植えのころは堀でドジョウ、フナッコを捕って遊び、グミや野イチゴ、桑の実を食べました。秋になると、祖母と山にキノコを採りに行き、いろいろな種類の名前を教わりました。冬はかまくらを作ったり、ソリで滑ったり。夜空の星の輝きは宝石をちりばめたようでした」

佐野さんは農作物の直売所で花を売り、キノコ汁を振る舞って家計を助けた。生きがいに満ちた日々であったという。

しかし原発事故は、そんな生活を夢のようにかき消した。現在は県内の大玉村で夫と母の三人で暮らし、トルコギキョウをつくって農協と直売所に出している。一方、四人の子供は県内外に別れて暮らす。

「津島から出されても、がんばって花つくりをしていた。子供や孫に、そういってもらいたいからです」と涙ぐんだ。

二人目の馬場靖子さん（76）は、夫の農業を助けながら地元の小学校で長く教職を務めた。津島にはたくさんの教え子がいた。念願がかなって東京電力に就職をした男性もいた。

事故後、仮設住宅で男性の母と会った。「息子さんは、どうされていますか」と尋ねると『こんなことになって、皆に顔を合わせられない』と言って、家にこもっているんです」との答えが返ってきた。「何も悪くない。彼が責任を感じて苦しむ必要なんてないのよ」と励ますのが精いっぱいだった。

教え子の多くは子育て世代になっている。放射能で汚染された地域での子育ては難しい。「(規制が解除されても)津島には戻れないよ」「福島には帰るのは無理だろう」。つらさをこらえ、親に告げなければならない時が来る。

馬場さんは、その時の教え子たちの悲しみを思うと、胸が押しつぶされそうになるという。

「本当は帰りたいのですよ。放射能さえなければ」

原告団は、国と東電に津島地区の放射線量を年間一ミリシーベルトまで下げるように求めている。しかし、馬場さんの自宅前の線量は、二〇一四年一月の時点で毎時三四マイクロシーベルトだったという。年間に換算すると、実に二九七ミリシーベルトになる。原状回復がいかに困難であるか。それでも原告団は「故郷を返せ」と要求せずにはいられない。なぜなら、津島は代わりのきかない、かけがえのない土地であるからだ。

原告団は、裁判長らに現地の状況を自分の目で見てほしいと望んでいる。裁判所が現場

雑草が茂り、変わり果てた自宅の前で立ち尽くす馬場さん＝浪江町で（津島原発訴訟原告団提供）

検証を実施するか否か、まずその判断が年明けにも下される。

（二〇一七年一一月二十一日）

6　歓迎の陰に被災地の苦悩　川内村のひとり親世帯移住施策

原発事故後の地域再生に取り組む福島県川内村が、シングルマザーなどひとり親世帯の移住を積極的に受け入れる方針を打ち出した。移住家族にはマイカー購入費など一世帯最大八十万円を支給するほか、民間住宅の家賃も補助。保育料や学習塾代まで無料という至れり尽くせりのプランだ。計画発表後、村には県外から「放射線量の高い場所に子どもを移住させるのはどうか」と批判的な意見も寄せられたという。しかし人口減、極端な高齢化に直面する村としては、背に腹は代えられないところだ。原発被災地が抱える苦悩を踏まえつつ、計画の内容を紹介したい。

川内村は東京電力福島第一原発の西、三十キロ圏内に入る阿武隈山地の中にある。原発事故直後に全村避難となったが一年後の二〇一二年四月に帰村を開始。今年六月には最後に残った居住制限区域も解除となった。

六月一日現在で、村内で生活する人は千七百九十三人。村に住民票を置く人の約六五％が帰村を果たしたことになる。

だが子育て世代の帰村は少ない。震災前には、保育園、小学校、中学校の児童・生徒は二百二十一人いたが、現在は七十二人。六十五歳以上の高齢者は約四十％。村の存続をかけて打ち出したのが、ひとり親（父子家庭も可）世帯の移住促進策だ。

移住者には生活に不可欠なマイカーの購入資金などとして五十万円や、定住奨励金として三十万円を支給。家賃は五分の三（上限四万円）を補助する。

七月二十九、三十日に村内を巡る体験ツアーも実施する。

同村の三瓶敏彦総務課長は「ツアーでは求人企業も紹介しますし、お子さんにはイチゴ狩りやイワナ釣りも楽しんでもらいます」とＰＲする。

都会で子育てに苦闘するシングルマザーにとって、何よりうらやましいのは充実した教育環境だろう。川内村では保育園は無料。村営の学習塾、放課後の小学生を預かる学童保育も無料だ。福島県内は、十八歳以下の医療費も無料となっている。

村の中央部にある川内小学校を見に行くと、まず校舎が豪華なのに驚かされた。室内プールまであるという。ちょうど下校の時間帯で、三十五人の児童が校長、教師に見送られて送迎のバスに乗り込むところだった。

バスは児童を学童保育に送り、終了後は自宅に届ける。親は送迎の心配もいらない。

親の就職について、近隣の企業は慢性的な人手不足で求人はあるという。また農業に興味がある人には、新規就農者に月額十万円を助成する制度もある。

生活面でも、村には、立派な日帰り温泉施設や診療所、村営室内プールがある。大型のコンビニエンスストアもオープンし、買い物に困ることはない。

だが、ただし、といわねばならない。計画が発表されて三週間ほどになるが、村への問い合わせは三件ほど。体験ツアーの参加者もまだ決まっていない。

これだけの好条件にもかかわらず、移住に二の足を踏む人が多いとすれば、やはり放射線量の問題があるからだろう。

川内村は風向きに恵まれて、三十キロ圏内では一番、放射線量が低かった。現在は除染も進み、村の中心部の空間線量は毎時〇・一～〇・二マイクロシーベルトほど（詳細なデータは川内村ＨＰに）。これは郡山市や福島市など県内の都市部とほぼ変わらないが、山に入れば、三～四マイクロシーベルトぐらいまで数値が跳ね上がることもある。事故前のようにキノコ、山菜を採ったり、川魚やイノシシを捕らえて食べるのは難しい。

そうした事情も踏まえて、遠藤雄幸村長は、こう話す。

「村の未来を見据えて、女性と子どもを大切にしようと考えた。学校や通学路は徹底的

授業を終えて、校長先生に下校のあいさつをする川内小の子どもたち＝福島県川内村で

に除染をした。子どもの健康と生活は村をあげて守ります。人のぬくもりが残る村で生活を送ってください」

＊　＊　＊

問い合わせは、川内村役場総務課企画政策係＝電0240（38）2111。

（二〇一六年七月五日）

7 教訓を探すまなざし　浪江町・赤宇木 データ収集続く

東京電力福島第一原発の事故の被災地の中で、特に放射線量が高く「百年は人が住めない」とも言われたのが福島県浪江町津島地区の赤宇木《あこうぎ》だ。この人影が絶えた農村地帯に通い、生物の動向や放射線量の推移などを調べ続ける人々がいる。悲劇の中に、せめて有意義な情報を探し出し、警告、教訓として後世に伝えたいという思いからだ。

赤宇木の古い民家の納屋で、米国サウスカロライナ大学のティモシー・ムソー教授が、採集したばかりのヤママユガの標本を整理していた。浪江町に隣接する宿泊先の川俣町山木屋地区から民家に通って約二週間、調査をしている。捕獲調査の対象は、主に鳥、ガ、ネズミなど。イノシシやサルなどの大型動物の動向も約四十台の監視カメラで撮影して調べている。

チェルノブイリでの研究経験も豊富な同教授が注目するのは、まず小動物の染色体の異常だ。赤宇木周辺の空間線量は毎時三〜四マイクロシーベルトほど。似たような環境で低線量被ばくを続けたチェルノブイリのツバメやチョウは、特にメスの変化が著しく、世代交代を重ねるにつけ、卵を産まなくなった。このため個体数が減る現象が起きたという。福島で同じ現象が起きているかどうか、まだわからない。

ただし二つの被災地の共通点はいくつかあるという。たとえばチェルノブイリでは、ツバメの体に白い斑点が生じた。同じようなツバメは福島でも確認されている。「どんな変化も見逃さないつもりで標本を集めるのが大切」と同教授。「小さな生物は世代交代が速く、放射線の影響が濃く現れる。人体への影響を予想する意味で貴重なデータになる」とも話す。

同教授が最初に福島の被災地に調査に入ったのは事故から四カ月後の二〇一一年七月。以来来日を重ね、今回は「たぶん十五回目」と本人。「福島は世界的にも重要な研究フィールドになるはずだが、残念ながら海外からの研究者は少ない。理由は研究費を得にくいことにある。除染に使う莫大《ばくだい》な費用のせめて一％でも研究費に充ててほしい」と国や県に提言した。

同じ場所には、中部大学（愛知県）の寺井久慈《ひさよし》元教授と上野薫講師もいた。一年前に赤宇木の土壌に埋めたスギやコナラなどの植物の葉を回収し、変化のデータを調べている。「放射線の影響で虫や微生物の活動が鈍くなり、分解が遅くなるという現象が予想できる」

と上野講師はみる。

作業の拠点となる民家は、住民で、今は桑折町に避難している今野邦彦さん（56）が提供した。事故後、仲間たちと津島地区の放射線量の計測を続け、避難した近所の住民たちに情報を提供する活動を続けてきた人だ。

今野さんは「情報は自分たちでとらなければ駄目だと思った」と活動の動機を話す。

震災の直後、浪江町の海岸部の住民たちは、雪崩を打って山間部の津島地区に逃げ込んだ。その直後に福島第一原発は水素爆発を起こす。ＳＰＥＥＤＩ（緊急時迅速放射能影響予測ネットワークシステム）は放射性物質が津島地区に流れていることを示していたが、国や県から警告はなかった。住民と避難民約四千人は何も知らず三、四日間も滞留し、高線量を浴びた。「政府は情報を隠す」という不信感は今もぬぐいようがない。

今野さんは、こう話す。

「四年半が経過して、私たちが送る線量調査の報告に一喜一憂する住民は減った。目を背けて、新しい生活を考える人が増えたのかもしれない。それでも記録は続けなければ。監視する目を失ったら国と東京電力の思うつぼにはまってしまう」

（二〇一五年九月二十二日）

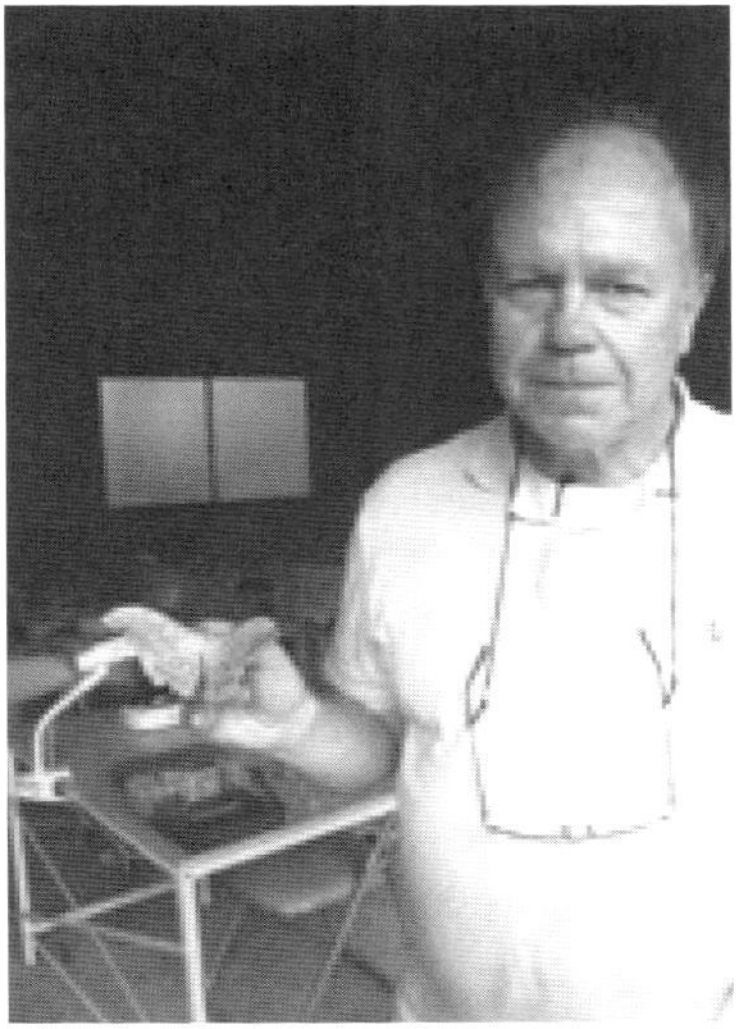

ヤママユガを観察するムソー教授

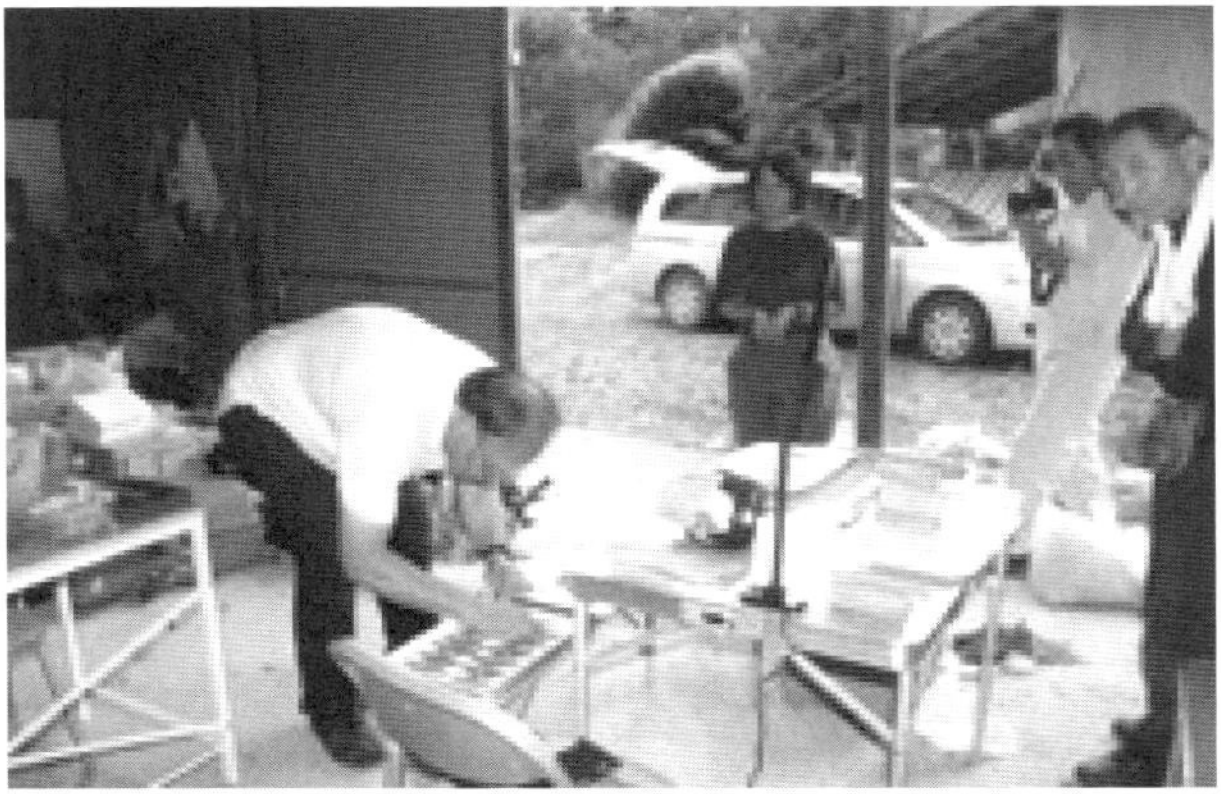

研究拠点は民家の納屋を使っている＝いずれも福島県浪江町津島地区で

8 「生業を返せ」原告団長の決意　この日本、変えなきゃ

福島県相馬市にある松川浦漁港。かつては静かな潟湖《せきこ》、松川浦で育つノリやアサリの水揚げでにぎわったが、福島第一原発の事故以来、「試験操業」がほそぼそと続くだけとなった。「生業《なりわい》を返せ、地域を返せ！」福島原発訴訟の原告団長を務める中島孝さん（60）が経営するスーパーは、この港からほど近い住宅街の一角にある。中島さんは三十年間、港で仕入れた魚を店頭でさばき、売ってきた。そこへ降り掛かった原発事故。まな板の前で包丁を握り、考えたことがあるという。「本当の民主主義を育てなければ、この国は変わらないんだね」。思いのたけを聞いてみた。

＊　＊　＊

学校を出てからサラリーマンをしていましたが、両親が松川浦の魚を福島市に持って行って売る行商をしていてね。一度は屋根のある店が持ちたいっていうから一緒にやることになったんです。それから毎日、店でお客さんの注文に応じて魚をさばいてあげるのが仕事。

「きょうはヒラメが安いよっ」てな具合で、まな板ごしにお客さんと掛け合いをしているから、すっかりおしゃべりが得意になったね。そうやってお客さんと向き合っていると、世の中の空気がよくわかる。懐具合で買う魚も変わるから。原発事故以来、皆さんの生活が厳しくなっているのは間違いない。

ここは原発から四十キロほど離れているから避難指示の対象にはならなかったのよ。ただ漁港は津波で被害を受けたし、漁業協同組合は放射能被害でイチもニもなく全面操業停止を決めた。それでも漁協は救われているんだ。避難指示区域内の農家などと同じように一律で手厚い休業補償が東京電力から支払われる。一番、悲惨なのはうちも含めて漁港の周りで商売をしていた人たちですよ。魚は「試験操業」で揚がる分だけ。仕方がないから売る魚をよそで買ってくることになる。原価が高いから、まず商売にはならないよ。

しかも国がつくった営業損害賠償の仕組みでは、事故前の売り上げと比較して減少した分だけを支払うことになっている。売り上げ減を証明しなければ、賠償の対象にはならない。つまり、商売を廃業して、放射能汚染のない安全な場所に避難してしまえば賠償金はなしということ。ここに国の姿勢がよく表れている。放射能の危険を重要視せず、形の上だけ町が復旧することを優先している。人々の救済よりも、原発事故がなかったことにするのが先なんだな。

むかっ腹を立てていたら、原告団長を頼まれた。最初は二の足を踏んだんだが、かあちゃんが「ここで引き受けなきゃ男じゃないだろ」って。それで大役を務めることになっちゃった。

おかげで随分と勉強をさせてもらった。二〇一四年三月の法廷で、国と東京電力は「今や福島県の大半の地域が年間積算量二〇ミリシーベルト以下の低線量であり、健康被害の恐れはない。野菜不足、運動不足、肥満などの健康リスクと同等であり、不当な権利侵害とはいえない」と述べた。二〇ミリシーベルト以下ならば権利侵害はない、我慢しろというわけで、こんな受忍論が堂々とまかりとおっている。それが今の福島県なんですよ。

今年三月に反核団体の会議に出席するために脱原発宣言をしたドイツに行きました。現地で高校生たちと話す機会があり、逆に質問攻めにされて驚いた。

「なぜ福島に原発が造られたのか」に始まり、厳しい質問を遠慮もなくぶつけてくる。周りの大人たちが、そんな高校生の自由な発言を歓迎しているのが印象的だった。戦前の悲劇を反省した上で、民主主義を大切にしているんだね。

比べて日本はどうか。

熊本地震が起きても、国は稼働中の川内《せんだい》原発を止めないという。大飯原発の運転差し止めを命じた福井地裁判決は「地震対策が不十分」と指摘している。川内原発が特別に安全なはずもなく、科学的な態度を欠いている。だめだ。やっぱり黙っちゃいられない。私たちは日本の主権者として、この状況を変えなきゃいけないのです。

（二〇一六年五月三日）

＊　＊　＊

「黙ってはいられない」と中島孝さん＝福島県相馬市で

〈「生業を返せ、地域を返せ！」福島原発訴訟〉二〇一三年三月一一日に福島県内外の原発事故被災者八〇〇人が国と東京電力を提訴。ふるさとを失った慰謝料、居住用不動産の賠償などを求めた。二〇一七年一〇月一〇日に福島地方裁判所で下された判決は、国と東電の責任を認め、原告約二九〇〇人に総額約五億円の賠償を命じた。同年一〇月二四日、原告、被告共に判決を不服として、控訴。仙台高等裁判所で審理が続いている。

9　牛のためにも負けない　原発訴訟原告「今も夢に出る」

東京電力福島第一原発事故の被災者らで作る「『生業《なりわい》を返せ、地域を返せ！』福島原発訴訟原告団」が、国と東電に慰謝料などを求めた福島地裁の裁判で、金沢秀樹裁判長が三月十七日、被害実態を把握するため帰還困難区域を含む双葉地方で検証を行う。原告側弁護団によると、原発事故の被害救済関連訴訟で検証が行われるのは初めて。下見のために一時帰宅した原告らに同行し、被災から間もなく五年を迎える〝十キロ圏内〟を歩いた。

原発から約十キロの福島県浪江町立野で畜産業を営んできた佐藤貞利さん（68）は、荒れ果てた牛舎、自宅を前にため息をつきながら話した。

「今でも牛が夢に出てくるんだ。食わせてくれよ、水を飲ませてくれよ、とすり寄ってくる。何もできないのが情けなくて、泣きながら目を覚ますよ」

代々続く養蚕農家だったが、約四十年前に牛飼いを始めた。子牛を預かって一年近く育てて種牛にするのが仕事で、約二百三十頭を飼っていた。

二〇一一年三月十二日。地震におびえた近隣の親戚が集まってきて、身を寄せ合って震えていた。電気も通じず、食糧もない。午後三時半ごろ、「ドーン」という音が聞こえて南の空にきのこのような雲が上がった。

「毎年、夏になると原発で花火を上げた。それと同じ方向だったから、原発がぶん抜けたとすぐにわかったさ。それからは家族や親戚をせき立てて逃げるのが精いっぱいだ」

大渋滞を起こした国道をたどって半日もかけて川俣町の小学校にたどり着いた。その日から各地を転々とする長い避難生活が始まった。猪苗代町のリゾートホテルに身を寄せていた四月下旬、被災地を取材しているというカメラマンから「牛が生きているぞ」と連絡があった。

体が震えた。会いに行きたかった。だが二十キロ圏内の警戒区域（当時）には入れない。

一時帰宅がかなったのは九月だった。防護服に身を固めて入った牛舎は地獄のようだった。骨と皮にやせ細った牛たちが折り重なって死んでいた。エサを求めたのか、ビニールのひもを歯にからませた牛もいた。水を求めて狭い水路に入り込み、動けないまま息絶えた牛もいた。

生き残っていた牛が十八頭いたが、保健所員が殺処分にした。死骸は穴を掘って埋めた。

両親と夫婦、五人の子どもでにぎやかに暮らした大きな家にはイノシシが入り込んでいた。周辺の水田は雑草が生い茂り、キジのすみかとなっている。

今は福島市内の四畳半二間の仮設住宅で妻と暮らす。子どもたちとは離れ離れになった。たまに三男が様子を見に来ると、狭い部屋に折り重なって眠る。

「あれほど原発は安全だといったでねえか。うそこいて、人をだまして、事故が起きたら、今度は賠償金から税金を取るっていってんだ。ばかにするなや。裁判の原告になって、国から圧力を受けるかもしれないが、かまわねえ。牛たちは腹を減らして死んでいった。その分まで悔しさをはらす。おれは負けねえ」。佐藤さんは唇をかんだ。

もう一人の原告、福田祐司さん(67)は、第一原発が立地する双葉町のＪＲ常磐線双葉駅に近い市街地に自宅があった。建築請負業で全国を飛び回り、二〇一〇年六月に引退。庭木の手入れが唯一の楽しみになった。

「庭仕事をしていると、近所の幼稚園から子どもの声が聞こえてくる。それがいいんだなあ。うちの子どもたちもここで育った。のどかな町だった」

避難した今も庭に除草剤をまきに来るが、町は静まり返っている。地震で崩れた塀はそのままだ。雨どいの下を測ると、毎時四〇マイクロシーベルトまで測れる線量計が振り切れた。原発まで五キロのこの付近は特に汚染が深刻だ。

「生きているうちに帰還は無理でしょう。国と東電はどれほどの人の大切な人生を踏みにじったか。きちんと責任を感じなきゃいけませんよ」

裁判官は、この声をどう聞くか。

（二〇一六年一月十九日）

「今でも牛の夢を見る」と話す佐藤貞利さん（右）＝福島県浪江町で

ブロック塀が倒れたままの福田祐司さん宅＝福島県双葉町で

10　原発事故に奪われた日常　生業裁判原告の訴え

東京電力福島第一原発の事故による被災者約四千人が、国と東電に原状回復や慰謝料を求めた「生業《なりわい》を返せ、地域を返せ！」福島原発訴訟（福島地裁）が来年三月にも結審する見通しとなった。二〇一三年に提訴され、原発事故を巡る訴訟では最大の原告数。判決が今後の被害者救済に大きな影響を与えるのは間違いない。原告のうち約三十人が法廷に立ち、口々に語ったのが、平和で普通の日常が原発事故によって、いかに破壊されたかという事実だ。

◆汚染された新築の家

原発から約六十キロ北東にある福島県桑折《こおり》町で暮らす六十代男性は、夫婦で長男、長女、次男を育て上げ、楽しみを兼ねて産直カフェに地元産農産物を軽トラックで運ぶ仕事をしていた。

いつしか家族に夢が生まれた。結婚を控えた長男らと暮らすために老朽化した家を建て替える計画だ。一念発起して約三千万円の住宅ローンを組んだ。

地震が起きた一一年三月十一日は、ちょうど新築中の自宅の点検に立ち会う日だった。翌日に原発事故が起き、近所の人々は避難を始めたが、長男は「一度避難したら戻れなくなる」と工事の続行を希望した。

自宅は計画より遅れ、七月に完成した。この頃、次男の様子に変化が生まれた。大学を卒業し、大手スーパーに就職した自慢の息子だ。選ばれて県知事との懇談会に出席すると「地元の野菜を全国に売りたい」と熱っぽく語ったと聞いた。

そんな次男が退社し、一人で九州へ避難すると言いだしたのだ。理由は「被ばくが怖い」。仕事にも絶望しているように見えた。商品棚に野菜を並べると福島産だけが売れ残る。地産地消に情熱を傾けた次男には受け入れがたい現実だった。帰って来ない次男が生活に困っていると聞き、妻と長女が説得に赴いたが言い争いになったと聞いた。

新築した家は完成直後に「欠陥」が見つかった。被ばくした基礎の上に建築したため、床下の放射線量は毎時〇・五マイクロシーベルトもあり、下がらないのだ。孫ができたら、ここでは暮らせないのではないか。法廷で今の心境を聞かれた男性は「とにかく寂しい」と声を絞り出した。

◆母乳をあげなかった子

原発から約百十キロの会津坂下《ばんげ》町で夫とパン屋を営む三十代の女性は、原発事故から約一週間後に次男を妊娠していることがわかった。新潟県の親戚に自分と子どもだけでも避難しようと考えたが、病気の義父の世話を考えて断念した。代わりに食べ物や環境に細心の注意を払おうと決めた。

福島産の野菜、肉は買わず、水はミネラルウオーターに限った。窓は閉め切り、洗濯物は必ず部屋干しする。パンの配達は夫に任せ、外出はしない。

一一年十二月に次男が誕生すると、母乳を与えないことにした。県内などの母親の母乳から放射性物質が検出されたと聞いたからだった。国や県は「心配はない」と繰り返した。しかし、ある学者が「にこにこしていれば放射能が逃げていく」と話すのを聞いて、すべてが信用できなくなった。

子どもたちには、川遊びも雪遊びもさせず、家のリビングに遊び場をつくった。土や虫には触らないようにと言い聞かせ、学校や保育園から帰ると、風呂で入念に体を洗った。

そのうちに次男に発達の遅れがみられると告知された。「母乳で育てず、母親とのふれあいが不足したのではないか」と自分を責めた。一三年九月に生まれた長女には母乳を与えることにした。今は「豊かな自然の中で子どもを遊ばせてやりたかった」と後悔してい

原発事故で住民が避難した家。かつての家族団らんの場に獣の足跡が残る＝福島県大熊町で（家主の許可を得て撮影）

る。

＊　＊　＊

原発事故の被害は見えにくく、人の心の底に潜んでいることもある。これをすくい上げる努力をしなければ、本当の救済にはならないだろう。

（二〇一六年八月三十日）

11　農地の放射能汚染対策置き去り　国「被ばく管理は自己責任」

原発事故と農業といえば農作物の安全性に関心が集中しがちだ。もちろん、それは大切な話だが、農業生産者が被るかもしれない健康被害にも細心の注意が払われるべきだろう。しかし被災地・福島県では、この部分が置き去りにされてきた。原発労働者なら被ばく管理が義務付けられるほどの高線量区域で、農民が日々、汗を流している現実がある。この実態は、ほとんど公にされていない。

遠藤茂さん（62）は福島市郊外でブドウ畑七十アールを経営している。地表から一・五メートルほどにつくられたブドウ棚には、まだ熟していない緑色の房が垂れている。ブドウは雨を嫌うため、棚全体をビニールで覆ってやるなど手がかかる。ほぼ毎日、畑に出てきて面倒を見る。

福島県農民運動連合会（農民連）は、二〇一四年度から遠藤さんの畑の放射能表面濃度を測定し続けてきた。

一四年度はセシウム一三四、同一三七を合わせて一平方メートル当たり四二万九六〇〇ベクレルだった。

事故から六年が過ぎた今年五月にも、同二二万七六〇〇ベクレルもの値が検出された。原発や病院など放射線を扱う施設には、無用な被ばくを防ぐために立ち入り制限などをする「放射線管理区域」が設定される。この区域の設定基準は同四万ベクレル。遠藤さんの畑の数値は、実に放射線管理区域の五倍を超えている。

「原発事故の直後、必死になって木を洗浄した。そのおかげか売り物のブドウから基準値を超える放射性物質が検出されたことはない。でも洗い落としたセシウムは地面に落ちてたまったままだ。ここで仕事をしていて本当に大丈夫なのかと不安になる。今のところ体調の変化はないが、いい気持ちはしない。孫にも畑には入るなといっている」と遠藤さんは話す。

畑の汚染を世の中に知らせれば、福島県の農産物が再びイメージ悪化の荒波にさらされる危険もある。それでも告発するのは強い思いがあるからだ。

「農地は子や孫に受け継がれていく。汚染され、うやむやのまま泣き寝入りしたといわれたら死んでもやりきれない」

県農民連では一六年四月と五月に、県内の果樹園百六十二カ所を計測した。このうち百六十一カ所で、同四万ベクレルを超える値が出たという。会長の根本敬さん(59)らは、こうしたデータを基に、何度も国に悲惨な現場の実態を訴えてきた。

だが話はかみ合わない。

厚生労働省の電離放射線労働者健康対策室によると、農業法人などに雇用された労働者の場合は、「除染電離放射能障害防止規則」(二〇一一年十二月発令)に従って、雇用主に定期的な健康診断や被ばく状況の届け出などの義務が生じる。

しかし、福島県の農業生産者の九九%を占める自営農家の場合、雇用者がいないので労働者と位置付けられず、厚労省の所管ではないという。

「被ばく防止のためのガイドラインはあり、対策を提案していますが、誰がそれを実施するのかといえば、ご自分でやっていただくしかない」と同省の担当者。農林水産省の生産資材対策室の担当者も「ガイドラインを活用していただくしかない」。

根本さんはこう話す。

「事故で農地を汚されても、農民は自己責任で働くしかないという。こんなバカな話はない。国は、きめ細かな汚染マップ作りをし、農民の被ばくの実態を把握するべきだ。その上で、福島県が農業をする上で大きなハンディを背負う地域になったという事実を認

ブドウ畑の放射能濃度を測る遠藤さん（左）ら。原発事故から６年が過ぎても、驚くほど高い数値が出る＝福島市で

め、救済策を探さなければいけない。事実を事実として認める。その覚悟が今、国に求められている」

（二〇一七年七月四日）

12　原発汚染土　公共工事で再利用　苦肉の策　安全性に問題は？

東京電力福島第一原発の事故で出た汚染土を建設資材として再利用するための実証事業が、昨年十二月から福島県南相馬市の津波被災地で行われている。事故から六年たった今も、被災地にあふれ返る汚染土袋。これを減らすために環境省がひねり出した苦肉の策に思える。安全性に問題はないのか。現場を見せてもらった。

実証事業の現場は南相馬市小高区の海岸部に設置された東部仮置き場の中にある。黒いフレコンバッグ約千袋が積み上げられた構内の一角にプレハブ建てのプレゼンルームがあり、環境省水・大気環境局の山田浩司参事官補佐が出迎えてくれた。ヘルメット、マスク、手袋を装着した上で実際の作業の現場に向かった。

最初の工程は一個一トンほどもあるフレコンバッグの開封。袋を重機で突き破り、砂利や草の根などの異物を回転ふるい機で取り除く。さらさらになった土を放射性物質濃度で分別する。

昨年三月、環境省は一キログラム当たり八〇〇〇ベクレル以下の汚染土について「遮蔽《しゃへい》および飛散、流出の防止」を行ったうえで、全国の公共工事で使用する方針を決めた。このうち今回の実証で使用するのは同三〇〇〇ベクレル以下の汚染土だ。ベルトコンベヤーに土を載せると、途中に設置された測定機が放射性物質濃度を測る。同三〇〇〇ベクレルを超えた土と、それ以下の土を振り分ける。

「実際に三〇〇〇ベクレルを超える土はほとんどありません」と山田補佐は話す。仮置き場の土の平均値は同二〇〇〇ベクレル程度。突出して濃度が高い土を取り除くため、平均濃度はさらに低くなるという。

次に分別を経た土を使用して盛り土をつくる。現在は遮水シートの上に縦二十メートル、横十一メートル、高さ六十センチの盛り土ができている。この上に三十センチずつの層を重ねていき、最終的には汚染されていない土を五十センチかぶせる。理論的には放射線の九九%を遮断できるというが、これを確かめるのが実証事業の目的だ。盛り土から染み出す雨水についても調べるという。

持参した空間線量計で測ると、盛り土周辺の線量は毎時〇・一マイクロシーベルトほどだった。福島市や郡山市といった県内の都市部の線量とほぼ変わらないレベルだった。

環境省は実証事業を今年八月ごろまで続け、問題がなければ全国の公共工事への提供を始める。使い道は道路、鉄道、防潮堤、防災林などだ。

だが日本政府は、これまでも汚染がれきを全国で焼却するなどして批判を受けてきた。「放射能汚染物質を移動させず、希釈しない」は放射線防護の国際合意だからだ。汚染土の再利用は逆風にさらされるだろう。

これに対し、環境省の担当者は「使用目的を限定し、管理を継続することで安全を確保できる」と話す。やむにやまれぬ事情があるからだ。

県内に野積みされる汚染土は二千二百万立方メートルに及ぶ。大熊、双葉町に建設中の中間貯蔵施設に運び込むはずだが、用地のうち契約済みは二割程度。施設の建設にあたり、国は県民に「三十年後には汚染土を県外に持ち出す」と約束した。だが最終処分場建設のめどは立っていない。八方ふさがりで、解決法はほかに見当たらない。

しかし、汚染土が全国の道路や鉄道の建設資材に使われたとき、県民は再び冷たい視線にさらされることになるのではないか。それが心配で仕方がない。

（二〇一七年六月六日）

海岸部に大量に保管されている汚染土が入ったフレコンバッグ＝福島県南相馬市で

13　川内村・木戸川放射能測定　手弁当で太公望が協力

福島県川内村で二十七、二十八の両日、渓流釣りの愛好家たちによる年に一回の木戸川放射能測定釣行があった。福島第一原発の事故以来、村がある双葉郡一帯の川では魚の放射能汚染の恐れから遊漁自粛が続く。一方で汚染の実態調査は進まない。それならば自分たちでデータを集めようと二〇一二年に始まった。村や漁協の許可を受けた上で釣った魚は、研究施設に送られ、放射能の測定を受ける。参加者らは「川の安全が確認され、『渓流釣りファンが集まった川内村』に戻ったらうれしい」と話していた。

測定釣行を主催したのは「福島県で釣りを楽しむ会」。代表の渡辺政成さん（71）＝さいたま市＝は「得意な釣りで福島県の復興に協力したい。ただそれだけの気持ち」と笑顔で話した。

もともと渡辺さんたちは、川内村に通う常連だった。ところが一一年三月に原発事故が起き、二十キロ圏内にある川内村は全村避難となる。

一年後に大部分の居住制限が解除となり、村人は帰還を始めたが、取り残されたのが村内を流れる木戸川水系の川だった。

イワナやヤマメが群れる清流は村のシンボルでもあったが、魚から一般食品の基準である一キログラム当たり一〇〇ベクレルを超える放射性物質が検出されたため、国が出荷制限指示を出し、釣りは自粛となった。指示が解除されるためには、サンプリングを重ね、放射能濃度が安定的に下がったことを示すしかない。

だが川を管轄する木戸川漁協は津波で楢葉町の事務所を流され、当時はいわき市に避難している状態。とても余力がない。

「だったら俺たちがやろう」と名乗り出たのが渡辺さんたちだった。渡辺さんは「右手に釣りざお　左手に憲法」の合言葉で〇八年に結成された「渓流九条の会」の発起人でもあり、釣りざおの先にヤマメを付けて、国会前を行進したこともある。

「平和でなければ釣りという遊びはできない。釣りができなければ、被災地に人の息吹は戻らない」と話す。

二十七日正午、川内村に集合したのは二十二人の男女。福島県はもちろん山形、宮城、埼玉、茨城、神奈川の各県や東京都からの参加者もいた。職業は元教師、文筆家、弁護士、カメラマン、ジャーナリストなど。

数人ずつのグループに分かれ、調査員のベストを身に着け、釣りざおを片手に川に入った。

二日間で釣り上げた魚は、ヤマメ四十四尾、イワナ二十三尾の合計六十七尾。釣った場所ごとにビニール袋に小分けされた魚はサンプルとして、岡田直紀・京都大学准教授（森林科学）に手渡された。岡田准教授は今後、これらの放射能を測定し、どれぐらい下がっているかなどを半年ほどかけて分析する。

岡田准教授によると、分析の委託を受けた一四年の調査から、本流では基準値超えのサンプルはなく、支流ではほとんどが基準値内という。「全体として放射能濃度の減り方は予想を超えて早い。木戸川の出荷停止解除を想定し、来年はさらに原発に近い川の調査も申請したい」と話した。

川内村の住民で避難先から戻って生活している住民の割合が今年四月に初めて八割を超えた。帰還者の総数は今月一日時点で二千百七十三人。

避難先の仮設住宅や借り上げ住宅の無償提供打ち切りが帰郷の要因の一つになったとみられる。一方で、小鮒《こぶな》を釣ったふるさとの自然環境の再現も、あと一歩に近づいている。

（二〇一七年五月三〇日）

調査で釣り上げたヤマメ＝福島県川内村で

木戸川支流で渓流魚を釣る調査員＝福島県川内村で

14 盛り上がる要請行動「福島第二原発は廃炉に」

福島県に、県内の全原発を廃炉にする運動があることを知る首都圏の読者は、少ないかもしれない。福島県内には、事故を起こした東京電力福島第一原発のほかに第二原発がある。第一原発は廃炉作業が進行中だが、第二原発については、県知事、県議会などが再三の要望をしているが、東電は廃炉を約束していない。これも被災七年目の福島に残る不条理のひとつだろう。

四月二十三日、福島県二本松市で「福島県内の全原発の廃炉を求める会」主催の映画上映と学習講演会が開催された。ドキュメンタリー映画「日本と原発　四年後」が上映され、同映画の監督を務めた脱原発弁護団全国連絡会共同代表の河合弘之弁護士が講演した。

さらに県在住の作家、玄侑宗久《げんゆうそうきゅう》氏や元福島大学学長の吉原泰助氏らが、原発事故後の県民が背負った苦難などを話した。

会の事務局の広田次男弁護士は「国のエネルギー計画は福島第二原発の再稼働を前提としてできている。原発事故によりこれほどの被害を受けた福島県で、再び原発が稼働すれば、それは県民にとっての恥辱である」と話した。

最後に集会アピールとして（一）国および東電は、福島県民に対して、遅くとも来年（二〇一八年）三月十一日までに福島第二原発を廃炉にする旨を約束すること（二）福島県は、国および東電に福島第二原発の廃炉を求める県民集会を開催すること―の二点を決議。「アウシュヴィッツ平和博物館」（福島県白河市）の小渕真理館長がアピール文を読み上げると、約二百五十人の聴衆から大きな拍手が起きた。

会が結成されたのは一三年十二月十五日。河野太郎衆院議員、吉原毅・城南信金元理事長、映画監督の高畑勲氏、小泉純一郎元首相などを招き、要請行動を繰り返してきた。大会は八回目になる。

一方、福島県議会は、昨年十二月二十一日に、国の責任で第二原発の廃炉を実現するように求めた意見書を採択し、安倍晋三首相らに届けた。県内五十九の市町村もすべて同様の決議をし、内堀雅雄知事も再三、「県民の総意」として要請を繰り返している。

なぜ福島県民は、これほどに第二原発の廃炉を求めるのか。東日本大震災では、第二原発の四基も海水ポンプの損傷で除熱ができなくなり、ベントの準備もしたと、後に東電が報告している。復旧が二時間遅れていれば、第一と同じ経過をたどったはずだった。

また昨年十一月二十二日発生の福島県沖地震では、第二の使用済み燃料プールの水があふれ、一時間半にわたり、冷却が停止した。悪夢の再来かと全県民が震え上がったのは記憶に新しいところだ。

しかし地元の要請を受けても、国は、判断を東電に委ねたままだ。その東電は先月、「第一の廃炉作業の後方支援として当面は存続せざるをえない」との考えを改めて示した。現在、第二原発は汚染水タンクの組立場、作業着の洗浄場所、社員の研修場などに使用しているという。

廃炉を約束した上で、後方支援の利用ができないわけではない。東電には、さらに誰にでも納得がいく回答を示す義務があるだろう。

※東京電力は二〇一八年六月四日、福島県に対して、福島第二原発の原子炉四基すべてを廃炉にする方針を表明した。

（二〇一七年五月二日）

地震の影響で使用済み核燃料プールの冷却装置が一時停止した東京電力福島第二原子力発電所３号機（左から２番目）＝昨年11月、本社ヘリ「まなづる」から

15 「田を原状に戻せ」却下　大玉村・米農家らの怒り

「原発事故で汚染された農地を元に戻してほしい」と福島県の米農家が東京電力を訴えた裁判で、福島地裁郡山支部は今月十四日、「却下」という判決を下した。門前払いに等しい判決の理由は「原状回復は難しく、方法が特定できない」「被告（東電）が放射能を除去するに至るとは考えがたく、紛争解決にならない」など。先祖伝来の土地を汚された農家には、到底、受け入れがたい理屈だろう。事故から六年が経過して、今なお続く福島の「不条理」の一端を報告したい。

「判決を聞いた瞬間は言葉も出なかった。まさか却下とは。十五回も期日を重ねたのは何のためだったのか。怒りが込み上げてきて体が震えた」

原告団長の鈴木博之さん（68）は、裁判を振り返って、そう話した。

ほかの七人の仲間と共に提訴に踏み切ったのは二〇一五年十月十四日だった。鈴木さんは福島第一原発から西へ約六十キロの福島県大玉村で、米作りの会社を経営している。約三十ヘクタールの田で水稲を栽培し、自前で販売。さらに米を串だんごや餅に加工して売る。米農家の六代目だったが、将来を見据え、六次化と呼ばれる農業の自立経営の道を開いた。原発事故が起きたのは、そんな経営が軌道にのりかけたときだった。

事故後に、米が土壌の放射性セシウムを吸収しない工夫を重ね、現在は米からセシウムが検出されることは、ほぼなくなった。しかし顧客は戻って来ず、売り上げは約二割にまで下がった。

「消費者は田が汚染されたのを知っている。この状態で他県の産地と競争ができますか。だから土地を元に戻してほしい。人の物を汚したら、謝罪して、きれいにして返すのが当たり前じゃないですか」

だが、要求は無視され続けた。事故後、県内では生活空間の放射線量を下げたり、農地の表土を入れ替える除染が実施された。しかし、あくまでもセシウムを移動させる「移染」が実態であり、セシウムそのものを取り除く試みはない。

完全にセシウムを取り除くには、巨額の費用と手間が必要になる。鈴木さんたちは、イタイイタイ病公害の富山県の例などを参考に、セシウム除去の方法を自分たちで探した。三百万円をかけて土壌を分析。そうした準備で臨んだ訴訟だった。

結果が「却下」だ。

判決文を読むと、原告団ならずとも腰が砕ける。

「原告らが本件各土地の所有権が放射性物質により違法に妨害されている旨を確認する判決を得たとしても、被告（東電）が任意に本件各土地の土壌内における放射性物質を除去するに至るものとはにわかに考えがたい。（略）紛争が有効かつ抜本的に解決されるものとはいえず」

よって「不適法」であるという。判決後、東京電力は、コメントを控えた。

原告側代理人の花沢俊之弁護士は「判断を避けたに等しい。裁判を受ける権利の侵害だ」。原告団は全員一致で控訴を決めた。

鈴木さんは、こうも話している。「闘う相手は東電だと思っていたが、その前に裁判所という大きな壁があるとわかった。巨象に挑むアリのようなものだが、かじりついてやりたい」

（二〇一七年四月二十五日）

放射能に汚染された農地に立つ鈴木さん。「清い空気と水が私たちの宝物だったんだ」＝福島県大玉村で

16　阿武隈川の遊漁未解禁　続く魚汚染、豊かな川どこへ

復興に向けて拍車がかかる福島県。しかし目を凝らすと、いまだに残る原発事故の陰を見ることになる。県民の母なる川、阿武隈川の遊漁はこの春も解禁にはならなかった。ヤマメ、イワナなどの渓流魚からセシウムなどの放射性物質が相変わらず検出されるためだ。古里の川で魚を追う本当の春はまだ遠い。

福島市にある阿武隈川漁業協同組合の事務所を訪ねると、堀江清志事務局長が電話の応対に追われていた。

「ほとんどが、なぜ解禁しないのかってお叱りの電話ばかりですよ。『老後の楽しみをどうしてくれるんだ』と涙声の人もいる。しかし、こればかりは私たちが判断できることではない。国や県が『よし』と言わなければ、業務は再開できないんです」と疲れた様子で話した。

阿武隈川は、奥羽山脈と阿武隈山地に挟まれた中通り地方を貫くように流れている。県内の長さは約百五十キロ。支流の数は二百本にも及び、かつては経済の中心である郡山

市、県庁所在地の福島市を水運で結んだ大動脈だった。また人々の生活に潤いをもたらした川でもあった。

震災前、釣りシーズンが始まる四月一日が訪れると、渓流ざおをかついだ太公望がいそいそと水辺に向かった。ぬるんだ流れの中から宝石のような魚を釣り上げて歓声を上げた。

だが同漁協は今年二月二十二日の理事会で、今シーズンも漁業と遊漁は休止と決定。今月三日に約四千人の組合員に向けて通知を出した。また川辺には「釣り自粛」の看板を出した。

休止の理由は、原発事故から六年の今でも、川魚から放射性物質が基準を超えて検出され、国の原子力災害対策本部が発令した出荷制限指示が解除にならないからだ。

具体的には、昨年四匹のヤマメから食品衛生法の基準である一キロ当たり一〇〇ベクレルを超えるセシウム一三七が検出された。これによりアユ、イワナ、ウグイ、コイ、フナも国の出荷制限指示は継続となった。

「二〇一一年七月ごろは、ヤマメで一キロ当たり七〇〇〇～一〇〇〇〇ベクレルを検出した。昨年は最大値で同一七〇〇ベクレルほどだったが、ここからゼロに持っていくまでが遠い」

と県水産課では話す。

川の場合、職業として漁をして魚を販売している人はごくわずかだが、釣り人に遊漁券を販売する行為も出荷とみなされるという。解除の要件は「安定的に基準値を下回ること」だ。

同課では「解除に向けて努力を続けたい」と話すが、この「努力」とは、サンプリング（採捕）を重ねて、「不検出」の実績を積み上げること。川の放射線量を下げる方法はなく、時間の経過を待つしかない。

福島大学環境放射能研究所の和田敏裕准教授は、県内の河川・湖沼に生息する淡水魚のモニタリング検査を続けてきた。和田准教授は、魚が体内に蓄えたセシウム一三七は餌にする虫から取り込んだとみている。

原発直近の帰還困難区域にある請戸《うけど》川に汚染されていないヤマメを放すと、一カ月で一キロ当たり一〇〇〇ベクレルもの値に達したという。

「阿武隈川のセシウムの濃度は段違いに低く、今後も改善が期待できる。しかし、いつになったら解禁できると予測できるものではない」と話す。

福島県には、阿武隈川漁協のほかに二十四の内水面漁協がある。このうち国の出荷制限が一部解除になったのは、会津地方の阿賀川、只見川など数えるほどだ。浜通りと呼ばれる阿武隈山地の東側については、帰還困難区域内の川が多く、サンプリング調査さえ進んでいない。

豊かな自然の恵みに包まれて暮らしてきた県民にとって、野遊びを禁じられた喪失感は計り知れないほど大きい。

（二〇一七年三月二十一日）

渓流の宝石、ヤマメ＝福島県北塩原村で

阿武隈川の遊漁の休止決定を伝える看板＝福島市で

17　数増え　感染症の危険も　帰還者を待ち受ける野生動物

東日本大震災から六年を迎えるこの春、原発事故による避難指示が浪江町、富岡町、飯舘村の一部と川俣町山木屋地区で解除となる。各自治体では避難住民の帰還を促しているが、インフラの修復、放射線量の低減など課題は山積みだ。特に深刻なのが、増えすぎたイノシシ、アライグマなど野生動物の被害であるという。農作物を荒らされるほかに、感染症の心配もある。各自治体は駆除に躍起だが、動物の数が多すぎて焼け石に水の状態だ。福島大学の奥田圭特任助教らは一昨年六月から被災地の野生動物の生息状況調査を始めた。

エリアを（一）夜間は人の立ち入りができない居住制限区域（二）津波で被害を受けた地域（三）避難区域外の水田―の三つに分け、二十四台の自動撮影カメラで動物の出現状況を観察。捕獲した動物に衛星利用測位システム（ＧＰＳ）を付け、行動を調べた。

その結果、水田に比べ、居住制限区域や津波被災地は動物の出現頻度が五倍も多かった。特に居住制限区域は、イノシシが他のエリアの約九倍、アライグマやハクビシンは数十倍という過密状態だった。

「放置された民家が、特にアライグマの格好のすみかとなっている。庭に残されたカキ、ウメ、ユズといった果樹も多く、彼らにとっては天国のような場所。いくつかの家を渡り歩いたり、ハクビシンと仲良く同居しているアライグマもいた。それほどに生息密度が高い」と奥田助教は指摘する。

アライグマは凶暴で人を攻撃することもあるが、それ以上に恐ろしいのは狂犬病、アライグマカイチュウ、疥癬《かいせん》などの感染症を持っている可能性だという。こうした病気はいずれも人間にうつる。狂犬病は一九五七年を最後に日本では発症例がないが、ペットとして移入されたアライグマが菌を保持している恐れはあるという。

「かみつかれなくとも、乾燥したフンを口から吸い込んだりして感染することもある。動物が入り込んだ家に帰還するときは入念な消毒が不可欠。できれば家を取り壊して再建した方がいい」と警鐘を鳴らす。

三月三十一日に町内の居住制限区域の避難指示解除を目指す浪江町では、現在、約二千人が帰町の準備を進めている。そうした住民の中からも「家に動物が入ったと思うと帰る気がしなくなる」と苦情が出ている。

こうした事態を受けて、町では一昨年十月に猟友会の会員などで有害鳥獣捕獲隊を結成。週に二回のペースで九人が避難先から通い、わなを仕掛けて動物を捕る作業を続けてきた。

この結果、これまでに捕獲した動物の数は、イノシシ五百三十四頭、アライグマ六十一頭、タヌキ四十八頭、ハクビシン十四頭、ニホンザル六頭など。

「それでも動物の目撃情報は増えている。とても追いつかない」と担当の町産業振興課の担当者は悲鳴を上げる。狂犬病に対処するにはワクチンを用意するしかないが、そこまで手が回っていないという。

同町で帰還準備のために宿泊を重ねる男性（66）は、猟友会に所属し、震災前には毎年百頭ほどのイノシシを捕獲していたという。

「食べるために動物を捕る。それがこの地域の伝統だったんだ。ところが原発事故以来、イノシシも汚染されて食べられなくなった。捕らなくなればイノシシは増える。夕方四時を過ぎれば、平気で町の中に出てくる。草むらに潜んでいるから、女性や子どもは危ない。草刈りが欠かせない」と話した。

人の暮らしは長い年月で培われた自然との折り合いの上に成り立ってきた。一度、崩れ

被災地で捕獲されたアライグマ

たバランスを取り戻すのは容易ではない。
（二〇一七年二月二十八日）

18　子の甲状腺検査　縮小は是か　六年目の被災地　うずまく議論

原発事故による健康被害が懸念される福島県で、子供の甲状腺検査を縮小する動きが顕著になり始めた。「不安をあおるのは子供の利益にならない」がその理由。一方で甲状腺がんの患者は増え続けており、見落としを心配して、より手厚い検査を求める声も少なくない。本当に子供たちの利益にかなうのはどちらなのか。六年目の被災地。県民を悩ませる議論の経緯を報告したい。

年も押し迫った昨年十二月二十七日、福島市内で原発事故の影響を調べる県民健康調査の在り方を考える検討委員会が開催された。会に先だって、県から昨年九月末までに新たに十人が甲状腺がんと診断され、二巡目検査のがん確定は四十四人で一巡目と合わせると百四十五人となることなどが報告された。

その後、座長を務める星北斗県医師会副会長が突然、「県に対して提案をしたい」と切り出した。提案の内容とは「中立的、国際的、科学的な」第三者委員会を新たに設置することだという。県側からは「初めて聞く話だ」と驚きの声が上がった。詳細を問われた星座長は「科学的議論は独立して行われるべきだ」と説明したが、話すうちに「もっと県民の理解が深まりそうな検討委の姿を本当は県の方で打ち返してほしい」などと、歯切れが悪くなった。

昨年九月、市内で「放射線と健康についての福島国際専門家会議」が開かれた。招かれた海外の「専門家」たちは、口々に「福島県民の被ばく線量はチェルノブイリよりはるかに少ない」「甲状腺異常の増加は、高性能の診断器を導入したため」などと主張。（一）健康調査を自主参加とする（二）新たな作業部会の招集―などを柱とする提言をした。星座長の発言は、（二）の実現を想定しているのではないか。諮問機関のメンバーの選定をやり直したい狙いが透けて見える。

実は（一）の方針に基づく検査の縮小はすでに始まっている。

あらためて説明すると、県民健康調査の甲状腺検査は、これまで二つ実施されている。一つは震災発生時に十八歳以下だったすべての県民を対象にした一巡目の「先行検査」。次に原発事故直後に生まれた県民を対象者に加えた二巡目の「本格検査」。さらに昨年四月に三巡目が始まったが、ここで検査の方法が一部変更となった。

県民に配られる案内書に、検査に同意するか否かなどの選択欄が設けられ、「同意せず、検査の案内も不要」と答えた人には以後、案内書は送られない。「すべての子供」が対象のはずが希望者だけになったのだ。

なぜ縮小されたのか。県の県民健康調査課は「識者らが検査の在り方を検証する評価部会の意見に沿った」と話す。

一昨年三月、評価部会が発表した中間取りまとめには、こんな文言がある。「原発事故は、福島県民に『不要な被ばく』に加え、『不要だったかもしれない甲状腺がんの診断、治療』のリスク負担をもたらしている」

だが、頻繁に使われる「過剰診断の不利益」という言葉ほど理解しづらいものはない。検査を受ける県民の不利益とは、わずかな手間と時間を費やすこと以外にあるのか。検査を受ける不安と、受けない不安とどちらが大きいか。通常の医療では、間違いなく後者が重要視される。

検討委員会では、がんの見落としを心配する委員の声も複数あった。ならば、むしろ検査の充実こそが求められるべきだ。

昨年三月に家族会が組織されるまで、甲状腺がんの子供を持つ家族は孤立無援の状態だった。情報を外に出すまいとした国や県や福島医大がそうさせたといっても言い過ぎで

甲状腺検査の在り方について新たな提案があった県民健康調査の検討委員会。前列左から２人目が星座長＝福島市で

はない。

　実際に「がんを公表すると差別を受けるよ」と医師に脅された患者もいた。背景に「がん患者の存在が復興の妨げになる」といったゆがんだ考え方があるのではないか。検査縮小も同じ隠蔽《いんぺい》体質の延長線上にあるとしたら、これほど罪深い話はない。

（二〇一七年一月十七日）

19　でれすけ原発 もういらねえ　いわき雑魚塾の生活の叫び

福島第一原発事故から間もなく五年半になる。政府は事故の傷痕を覆い隠すことに躍起のようだ。避難区域への住民の帰還を促し、次々に補償の打ち切りを通告。そのうえで安全で豊かな福島を内外にアピール…。そんな対応を地元・福島県民は、どんな気持ちで見ているのだろうか。このあたりの生の空気を知りたいという人に、お薦めしたいCDがある。

いわき市のアマチュアフォークバンド、いわき雑魚塾が制作した「でれすけ原発」だ。表題曲の「でれすけ原発」は、塾代表の比佐和美さん（56）が作詞作曲。いわきの方言をふんだんに歌詞に取り込んだ。

「でれすけ(愚かな)　でんでん　ごせやげる(腹が立つ)　でれすけ原発　もういらねえ」

深刻な歌詞を軽快なリズムに乗せて繰り返す。

比佐さんは市内で学童保育クラブを運営。仲間と十数年前から音楽活動を楽しんでいた。

転機となったのは、やはり二〇一一年三月十一日。

いわき市を激しい地震と津波が襲った。そして原発事故。全員が被災者となり、逃げ惑った。放射線被ばくを恐れ、県外に避難した人。残った人は物資も情報もなく不安におののいた。

バンドの練習は、毎週水曜と決まっているが、約二カ月ほどして集まったときに、初めて無事を確認し合ったほどだった。

そのころ、震災以前から親交があったフォークシンガーの笠木透氏から「震災と原発事故の悲劇を歌で記録するのだ」と強いアドバイスを受けたという。

笠木氏はフォークソング草創期から岐阜県を拠点に活躍したカリスマ的シンガー。テレビ出演を拒み、フィールドフォークと称して、ミニコンサートをしながら全国を歩いた人物だ。

笠木氏の提案で、雑魚塾の挑戦が始まった。従来のように演奏を楽しむだけではなく、自分たちの曲を作り、ＣＤにまとめる。誰もが初体験だった。

それぞれの体験から詞を書き、メロディーを作った。

水産高校の教師だった太田博行さん（54）は、祖母を助けに行き、津波に流された教え子の物語を題材にした。比佐さんの夫人で学童保育で働くゆき江さん（56）は、校庭に埋められた汚染土の詰まった黒いフレコンバッグの不安を歌った。

経営していた布団店を流された吉村昭一郎さん（60）は、福島第一原発の裏にある日隠山のフクロウに成り代わって歌った。

「あの日人びとは　死の灰を浴びていたぞ　ふるさとを追われていったぞ」

汚染水の垂れ流しに憤り、「福島の海よ」と歌ったのが、木野内嘉彦さん（59）。相沢悟さん（55）は、いわき地方に三百年前から伝わるじゃんがら踊りをモチーフに曲を作った。

津波に流された小学校を歌った久保木力さん（48）は、宅配便の運転手だ。被害のひどかった海岸を毎日、「同級生、どうしているのかな」と思いながら、配達に走っている。

八代照代さん（64）は、健司さん（35）と親子で参加している。健司さんは知的障害があるが、大きな声で歌い、ムードメーカー役を担っている。そんな生活の中から生まれた曲が「友からの手紙」。いずれの曲にも、技巧を超えた迫力がある。

笠木氏は毎月のように岐阜から福島に通い、指導を続けた。だが、ＣＤ完成後の一四年十二月に七十七歳で死去した。

今、いわき市では橋や道路が修復され、大型のショッピングセンターが建設中だ。復興

練習に励む「いわき雑魚塾」のメンバー＝福島県いわき市で

は順調に進んでいるかにみえる。

「でもね」と前出の吉村さんが話した。「空元気を出してはいるが、誰もが傷を背負ってストレスを抱えている。こんなときに正直な気持ちを伝える歌が大切なんじゃないかなあ」

＊　＊　＊

問い合わせは「いわき雑魚塾」＝電０２４６（５４）６０６２。

（二〇一六年七月二十六日）

三

被災地は可能性に満ちている

1　若い力の呼び水に　元ＮＨＫ記者の転身　南会津町

酒どころといわれる福島県の中にあって、ユニークな存在で知られるのが南会津町の花泉酒造。地元産のもち米を使った珍しい製法で、深い風味の酒を生んでいる。その花泉に昨年、看板娘が誕生した。染谷亜紗子さん（29）。ＮＨＫの報道記者として東日本大震災と原発事故を経験した後、「福島にこだわり続けたい」と花泉の広報担当に転身した。染谷さんの存在は、復興を助ける若い力の呼び水になろうとしている。

花泉の事務所は古民家を改装した建物。いろりの周りにこうじの香りがぷんと漂う。これぞ酒蔵、と思っていたら、窓の外から何台ものオートバイのエンジン音が聞こえてきた。

「ライダーを歓迎する施設にもなっているので、若い人が集まってくるんですよ」と染谷さんが説明してくれた。

酒造会社といえば、同族会社のイメージが強いが、花泉は九十年以上の歴史を持つものの、形態は合名会社。地域の人々が集まってつくった組合に近い。社長、専務も四十歳前後と若く、開放的な雰囲気だ。

染谷さんはさいたま市出身。大学を卒業後、ＮＨＫに入局し、報道記者として最初に福島放送局に配属された。二〇一一年三月十一日は郡山市にいた。東京電力福島第一原発が水素爆発を起こすと、避難所や仮設住宅を巡って故郷を奪われた人々の声を夢中で聞いた。四カ月後に大阪への転勤を命ぜられたが、復興に関わりたい思いは消えなかった。そして昨年九月に転職。福島に帰ってきた。

「震災前の穏やかで美しい福島を知っているという自負がありました。原発事故は悲惨だけれど、それにも負けない魅力がここにはある。地に足を着けて、福島の良さを全国の人に伝えたい。そのためには転勤の多い記者よりも今の仕事の方がいいと思いました。ここには記者時代から取材に来ていて、大好きな人ばかりだったんです」

花泉がある南郷地区は、冬は二メートルを超す雪に閉ざされる全国屈指の豪雪地帯だ。助け合わなくては生きていけない。それだけに千五百人足らずの住民の結び付きは強い。お年寄りや子どもたちまで誰もがすぐに染谷さんの名前を覚えてくれた。

意外に若者も多い。南郷スキー場はスノーボーダー憧れの地。夏は名産のトマトを育て、冬はゲレンデで働くという生活を求めて、移住してきた若い夫婦が十組以上もいる。

そんな地域の人と一緒に情報発信に力を尽くす毎日が楽しくて仕方がないのだという。

五月は「一八歳の酒プロジェクト」の一環として、地元の高校生たちと田植えをした。酒米作りやこうじ作りなども一緒にして、彼らの成人式に完成した酒をプレゼントする。「高校を卒業したら地域を出て行く子どもたちに、故郷の大人たちの生きざまを見せてあげたいんです」

また染谷さんの母校である早稲田大学の学生を招き今冬、雪かたし（雪おろし）、そば打ち、酒造りなどを三泊四日で体験してもらう企画を手掛けた。夏はトマト農家の手伝いや甘酒造りなどもしたいという。

福島の旬の食材を使った料理レシピや、生産者のインタビューなどをネットで公開する「ふくごはんプロジェクト」などにも力を入れている。

染谷さんに今後の夢を聞いてみた。答えは明快だった。

「植物が根を張るみたいに、少しずつ、人の輪を広げて、地域の力になれたらいいなと思います。記者のころも都会で大きなニュースを書きたいとか、海外に行きたいとか、考えたことはなかった。これが私のやり方って感じです」

（二〇一五年六月九日）

花泉酒造の前に立つ染谷亜紗子さん＝南会津町で

（南会津町の位置）

2　昭和薫る町に熱き魂　いわき夜明け市場の起業家たち

福島県いわき市の復興飲食店街「夜明け市場」が先月四日に開設から丸五年を迎えた。参加店舗は十五軒に増え、日暮れとなれば提灯《ちょうちん》の下に夜な夜な酔客の歓声が響き渡るにぎわいぶり。それだけではなく、ここは若い起業家たちが夢を紡ぐ拠点という側面も持っている。震災、原発事故は不幸な出来事だったが、一方で若者にゼロから挑戦する機会も与えた。驚くほどに熱い福島の若者たちの声を届けたい。

夜明け市場は、ＪＲ常磐線いわき駅から徒歩三分の場所にある。狭い路地の両側に海鮮料理、居酒屋、イタリアンレストランなどが軒を並べ、日が暮れると頭上に下がった提灯が温かな光を投げかける。どこか懐かしい昭和レトロな飲食店街だ。

スタートしたのは東日本大震災と原発事故があった二〇一一年の十一月だった。株式会社夜明け市場の取締役で事務局長の松本丈《たけし》さん（33）が振り返る。

「被災して自分の店を失った経営者なども多かった。そういう人たちに再起の機会を提供できないかと考えた。場所を探したら、寂れたスナック街を借りられるという。それから夢中で走りだしたって感じですね」

松本さん自身もいわき市の出身。東北大大学院で学び、一級建築士の資格を取ったが、最初に就職した不動産会社が倒産するなどの挫折も味わった。

そのころ小中高と同級生だった鈴木賢治さん（33）が企画会社「ヨンナナプランニング」を起業。合流して町づくりや店舗展開の事業を東京で始めた直後の震災だった。それから松本さんは故郷に戻り、夜明け市場に張り付いて切り盛りしてきた。

「もともと、高校生の頃から寂れていくいわきの町を元気にしたいと思っていた。だから建築を学んだ。震災が後押しをしてくれた感じすらあるんです」

夜明け市場の中で居酒屋「つまみや　バッカーノ」を経営する高橋直樹さん（32）は福島第一原発に近い富岡町の農家の生まれ。料理が好きで町内のすし店で働いていたときに被災した。

「自分の店を持ちたいとは考えていたけれど、震災がなければいわきには来ていない。震災のせいで、この町は人が増えている。勢いがある」と話す。

飲食店街の中ほどの二階に夜明け市場の事務所がある。ドアを開けて驚いた。清潔な室内の天井からＯＡ機器接続用のコードがいくつも下がり、洗練されたオフィスの雰囲気だ。二十〜三十代の男女三人がパソコンをのぞきこんでいた。スタッフかと思ったら、違った。

「皆さん、それぞれに起業家で自分のビジネスをしている。ここはワーキングルームとして、開放しているんです」と松本さんが説明してくれた。

実は松本さんは、NPO法人「TATAKIAGE（たたき上げ）Japan」の理事長という肩書も持っている。人と人を結び付けて、アクションを起こす人をサポートする団体なのだという。

月に一回程度のペースで「浜魂《はまこん》」というプレゼンイベントを企画運営している。経営者でも、フリーターでも、学生でも、自分のアイデアを持ち込んで地域住民の前でプレゼンし、協力者や支援を募る。

この中から生まれた商品に、100%いわき産の素材を使った飲み物「Hyaccoi（ひゃっこい）」がある。放射能検査で安全が確認されたトマト、小松菜、豆乳などで作ったスムージーだ。この商品を提供するカフェがいわき駅ビルに生まれた。

それにしても、「たたき上げ」「夜明け」「魂」と、クールで都会的な容貌とは裏腹に、泥くさい脂っこい言葉を使いたがる若者たちだ。

そう指摘すると、松本さんはわが意を得たりと言いたげだった。「話に聞く戦後の闇市なんかをイメージすることがありますよ。ぼろぼろの状況をたくましい行動力で変えていきたい。また、そういう人を一人でも増やしていきたいと思います」

（二〇一六年一二月六日）

夜明け市場に店を開いた高橋直樹さん＝福島県いわき市で

夜明け市場で松本丈さん（右）と「TATAKIAGE Japan」理事の小野寺孝晃さん＝福島県いわき市で

3　被災地・楢葉町のお盆　若い力がともす希望の光

お盆の中、福島県の原発被災地である双葉郡各地でも盆踊りが開催された。これに合わせて帰郷した元住民も多く、災害過疎に悩む地域がいっとき華やかなにぎわいを取り戻した。イベントの運営などで目立ったのは若者の姿。避難先からの帰還者は圧倒的に高齢者が多いが、古里の再建に意欲的な若者たちはいる。被災地に吹き始めた新しい風を実感させてくれた。

一昨年九月五日に避難指示が解除された楢葉町で十三日、盆踊りと音楽コンサートを融合した「盆楽祭」があった。

主催したのは、昨年六月に町内の二十代、三十代の若者有志が集まって結成した「ほっつぁれDEいいんかいっ?!」という団体。「ほっつぁれ」とは傷つき、衰弱したサケのことだ。楢葉町の中央を流れる木戸川には毎年秋になるとサケが群れを成して遡上《そじょう》してくる。産卵を終え、力尽きたサケは河原に亡きがらをさらす。子供のころから見慣れたその姿に、ぼろぼろになった古里の現状を重ねた。

委員長の渡辺喜久さん（36）は「避難指示解除になっても、それぞれの事情で帰れる人も帰れない人もいる。それは仕方がないことだが、せめて一緒に楽しめる場所をつくりたかった」と話す。原発関連会社で働く渡辺さんも避難先のいわき市に父と妻、四歳と二歳の子供と住む。

「ほっつぁれ」を結成以来、季節ごとに音楽祭などを企画してきた。最も力を入れているのが昨夏に続き二度目の開催となる盆楽祭。昼間はミュージシャンによるコンサート、夜は盆踊りの二部構成とし、連日、お囃子《はやし》の練習を重ねてきた。

さて本番。夕暮れが近づく頃、笛と太鼓の音色にのって、哀調を帯びた楢葉盆唄の歌声が流れ始めた。すぐに踊りの輪ができた。浴衣姿の女性や幼児を連れた家族ら二、三百人が晴れやかな笑顔で踊った。楢葉町の事故前の人口は約七千人。解除から二年が経過しても戻った人の数は千七百人ほど。閑散とした日ごろの町を思えば、このにぎわいは夢のように思える。

「ほっつぁれ」のメンバーの中には、町外から移住してきた若者もいる。横浜市出身の西崎芽衣さん（25）、東京都出身の森亮太さん（26）は、いずれも立命館大の学生の頃から楢葉町にボランティアに通い、町内の会社を就職先に選んだ。

都内の大手広告会社の内定を蹴ったという「武勇伝」が伝わる西崎さんは「町の人と同じ目線で活動がしたかった」と話す。森さんは「人は少なくても人間関係は濃い。この町から離れられなくなった」という。地元育ちで町職員の松本昌弘さん（32）は、そんな彼らと一緒に町の小さな情報や人の思いを伝えるミニコミ誌「ならはかわら版」を発行している。

最近、明るいニュースがあった。町でたった一つの小料理店「結《ゆい》のはじまり」が今月、オープンした。店主は千葉県出身の古谷かおりさん（33）。震災後に福島県に来て建築士をしていたが、復興に貢献したいと起業家を育てる私塾に参加。「町の人と移住者の対話の場をつくりたい」と初めての飲食店経営に乗り出した。町民の憩いの場になっている。

震災から六年半。一時は絶望しかなかった楢葉町に希望の明かりが育ち始めた。

（二〇一七年八月十五日）

子どもや若者も参加してにぎわった盆踊り＝福島県楢葉町で

4　名湯から電気ワクワク

再生エネ・モデル地区　土湯温泉の挑戦

福島市の奥座敷である土湯温泉。千年の歴史を誇った名湯が今、再生可能エネルギー利用のモデル地区として新たな注目を集めている。温泉熱と谷川の水を活用した小規模発電でエネルギーの地産地消を目指すという。原発事故で大打撃を受けた温泉街の再出発と挑戦。現状を見せてもらった。

土湯温泉はＪＲ福島駅から南西に十六キロほどの山あいにある。開湯は聖徳太子の時代といわれ、こけしの里としても名高い。深い谷間に荒川が流れ、両岸に古い温泉宿が立ち並ぶ。この荒川を二キロほどさかのぼると、谷一帯に硫黄の臭いが立ち込めた共同源泉群にたどり着く。一角に露天で据えられた蒸気機関車ほどの機械があった。それがバイナリー発電機だった。

「大抵の人は発電機が小さいので驚きます。しかし小規模、コンパクトであることが長所なんです」と株式会社「元気アップつちゆ」の加藤勝一社長（67）が説明してくれた。

バイナリー発電とは何か。地熱発電の一種ではあるが、従来のイメージとは少し違う。一般に知られている地熱発電はフラッシュ方式と呼ばれる。温泉から高温、高圧の蒸気を取り出し、発電タービンを回す仕組みだ。このため地表から千〜三千メートルも掘削する必要が生じ、大規模な工事となる。地下水脈に影響を与える心配も拭えず、「温泉が枯渇する」と温泉組合から猛反発にあって、頓挫するケースも過去にはあった。

一方でバイナリー方式は、水よりも沸点が低い媒体を九〇度以上の温泉水で気化させ、タービンを回す。このため地表に噴出する温泉をそのまま利用でき、しかも発電後の温泉水は、まだ熱いので温泉に使える。

同社では昨年十一月から、この発電機で出力四百キロワットの電気を生み出し、同三百五十キロワットを東北電力に売っている。年間の発電量は約二百六十万キロワット時。一般家庭の七百五十世帯分ほどにあたる。建設事業費は約六億三千万円。年間にすると約一億円の収入となり、初期投資は十年間で回収する予定だ。

なぜ土湯温泉は、バイナリー発電に着目したのか。

「引き金になったのは原発事故です」と加藤社長は話した。

年間六十万人を超えた土湯温泉の観光客は、事故後に一斉に姿を消した。十六軒あった温泉旅館のうち五軒が廃業を余儀なくされた。窮地に陥った土湯温泉は、二〇一一年十月に復興再生協議会を立ち上げる。

温泉協同組合の理事長でもある加藤社長らを中心に議論を重ねた。その結果、原発とは対極の位置にある再生可能エネに復興再生の糸口を求めようということになり、温泉協同組合と観光協会が出資して、「元気あっぷ」社が設立された。

幸いにも、土湯は幾つかの条件に恵まれたという。

温泉街と源泉が離れていて、発電機を設置するスペースが確保できた。また温泉をめぐる権利関係が複雑でなく、旅館業者の協力も得やすかった。

「なにより、このままでは生き延びられないという思いで、みんなの気持ちがひとつになったことです」

同社では、荒川の南側を流れる東鴉川《ひがしからす》の砂防堰堤《えんてい》を利用した小水力発電にも取り組んでいる。渇水期を除き出力は百四十キロワット。年間発電量は八十万キロワット時になる。現在は二百五十世帯分をまかなえるほどの電力だが、いずれ発電機を増やしたいという。

東鴉川は、大正時代にも小水力発電が行われた場所で遺跡や国指定有形文化財の堰堤も残っている。近いうちに温泉街から渓流沿いに遊歩道を整備し、誰でも散策がてら発電所を見学できるようにするつもりだ。

「原発に苦しめられた福島だからこそできることがある。再生エネのモデル地区として生まれ変わった土湯温泉を全国の人に見ていただきたいんです」

加藤社長は、そう話した。


（二〇一六年三月二十九日）

再生可能エネルギー利用のモデル地区として注目される土湯温泉＝福島市で

土湯温泉のバイナリー発電機と加藤勝一社長＝福島市で

5　土湯温泉の新たな挑戦　「温泉エビ」で夢を釣る

原発事故の被害から再生エネルギー利用の拠点として立ち上がろうとする福島市の土湯温泉の取り組みを約一年前に本欄で取り上げた。その土湯温泉に新しい名物が誕生しそうだ。これが、なんと「温泉エビ」である。温泉発電の余熱を使ってエビを育て、釣り堀をつくって観光客を呼ぶ。地元の人々が思い描いた夢が実を結びつつある。

新緑の土湯温泉を訪ねた。福島市の中心部から車で約三十分。深い谷の両側に温泉旅館が並び、残雪が輝く吾妻連峰の山々が背後にそびえる。谷川沿いに二キロほど山の奥へと進むとゲートがあり、硫黄の匂いが立ち込める源泉地域となる。

株式会社「元気アップつちゆ」（加藤勝一社長）の佐久間富雄さん（53）が出迎えてくれた。川岸に今年三月に完成した三棟のビニールハウスが立ち、中に水槽が並んでいる。

「どうです？　大きいでしょう」。佐久間さんが指さしたのが、オニテナガエビだった。オニテナガエビは東南アジア原産の淡水エビ。体長は二八センチ程度になり、食べるとおいしい。「元気アップつちゆ」では、昨年七月から、この養殖に取り組んでいる。

なぜ温泉でエビなのか。

原発事故は、開湯千年の温泉街に大きなダメージを与えた。毎年六十万人を数えた観光客は離れ、老舗の旅館がいくつも店じまいを余儀なくされた。

温泉組合などは、起死回生の策として再生可能エネルギーを活用した観光復興とまちづくりを決議。「元気アップつちゆ」を設立し、温泉熱を利用したバイナリー発電と渓流を利用した小水力発電を事業の柱とした。

バイナリー発電は、三六度という低温で沸騰する媒体を温泉熱で温め、タービンを回す。このとき二〇度ほどに温められた清潔な水が大量に生まれる。温水の利用法を模索する中で、たどり着いたのがエビの養殖だったという。エビは旅館などに提供して名物として料理に使ってもらうほか、釣り堀をつくって温泉客にエビを釣った時の引き味を楽しんでもらう計画もしている。

佐久間さんは福島市出身。大手電機メーカーに勤務していたが、子供のころからなじんだ土湯温泉を活性化したいと転職した。「電気の知識を買われたかと思ったら、エビの養殖と聞いて驚いた。しかし、やってみたらエビもかわいいものです」と養殖の技術を猛勉強中だ。

今月から若いメンバーも加わった。千葉県出身の秋山亨仁《ゆきひと》さん（27）。福島市の地域おこし協力隊員に採用された。東京農大で水産を学び、卒業後はゲームソフト会社で営業職をしていたが、「知識を生かしたい」と、この事業の隊員募集に応募した。「打ち込める仕事を探していたら、ここにあった。来たからには福島の力になりたい」と話す。

「元気アップつちゆ」の目標は、こうした再生可能エネルギーを巡る事業を展開しながら、温泉街一帯を環境問題に関する「学びの場」とすることだという。このために発電機を見学する目的で融雪装置付きの展望デッキもつくった。昨年一年間で全国から訪れた見学者は約百六十組、二千五百人に達した。

近い将来に「エコツーリズムといえば土湯温泉」と位置付けられる日が来るだろう。

＊　＊　＊

見学などの問い合わせは、「元気アップつちゆ」＝電０２４（５９４）５０３７＝へ。

（二〇一七年五月十六日）

「元気アップつちゆ」でオニテナガエビの養殖を担当する佐久間さん（右）と秋山さん＝福島市土湯温泉町で

6　移住者が語る　村の魅力　川内村「Ｃａｆｅ学校」の試み

原発事故の避難指示解除が相次ぐ福島県。だが一度は無人となった地域をよみがえらせるのは簡単ではない。東日本大震災の後、いち早く帰村宣言をした川内村では今年、ユニークな企画が始まった。震災後に支援などで村に入って居残った人々が情報を共有するための場をつくろうという試みだ。移住者だから理解できる村の魅力を発掘し、どう復興に生かすか。議論の場をのぞかせてもらった。

人口の約七割に当たる約千九百人が帰村した川内村。飲食店は数えるほどしかない山村で夜は深い闇に包まれる。そんな村に夜更けまで明かりがともる一角がある。

昨年十一月に開店した「カフェ・アメィゾン」。タイのコーヒーショップチェーンの国内一号店だ。村内に支社工場を建設した環境建材会社「コドモエナジー」（本社・大阪市）がフランチャイズ契約をして出店した。この店を会場に今年一月から月一回、移住者が集まる会「Ｃａｆｅ学校」が開かれている。

三月二十八日は十二人が集まった。まとめ役の関孝男さん（42）が「本日のお題です」

と提示したのは「ATTRACTION（魅力）」。川内村の魅力について語ろうという趣向だ。

顔ぶれは変化に富んでいる。米国カリフォルニア州から来日し、村の小中学生に英語を教えているジェレミー・デュラントさん（33）は「村の子は数は少ないが誰もが高い学習意欲を持っている。僕に道で会うと英語で話しかけてくる。こんなこと都会ではなかった」と話した。

辺見珠美さんは大学で放射線について学び、その研究のために来たのだという。住むうちに村が好きになり、今では村の若手で作った「川内盛り上げっ課」のメンバーだ。

川内村の魅力を「個性的で、しかも自分の力で生きている人がたくさんいるところ」と語る。「驚いたのは、じいちゃん、ばあちゃんたちが放射線に詳しいこと。野菜も山菜も何でも検査場に持ち込んで測定する。そのうちに、どこの山のどのあたりの線量が高いか把握してしまった。山暮らしの知恵が増えたみたい」

保健師の中山友子さん（63）は、夫を茨城県に残して単身赴任中。村の女性たちが作った人形や飾り物などを集めた「お母ちゃんの小物展」を開催したばかりだ。「当日はお母ちゃんたちが手料理を持ち寄って、見学者を接待して、にぎやかだった。この村はよく見ればお宝の山だって、そのときに思った」

口々に語った村の魅力とは、全村避難という過酷な体験を経ても、豊かな自然を大切に、のんびりと、へこたれずに生きる村の人たちの底力だった。

イベントの発案者で、話を盛り上げていた関さん自身も村人に救われた経験を持っている。埼玉県行田市出身で、三年前に単身で川内村にやってきた。

「明確な目的があったわけではない。ただ被災地で自分でも何かできることがあるんじゃないかと。都会の生活に疲れたところもあった。場所を変え、自分を変えたい気持ちもあった」

村内の観光施設で働くうちに「師匠」と呼ぶ人に出会った。かつて村の一大産業であった炭焼きの技術を継承する八十歳の古老だ。手ほどきを受け、無心で炭を焼くうちに心に変化が訪れたと話す。

「師匠はすべてを受け入れてくれた。そのうちに少しずつ自分が好きになってきた。多分、私が再生されたんです」

今は師匠に褒められるような炭を焼くことが目標だという。

川内村に縁の深い詩人、草野心平は、東京・新宿に酒場「バア学校」を経営していたこ

川内村の魅力を語り合った「Cafe 学校」。左側奥が関さん＝福島県川内村で

とがある。「Ｃａｆｅ学校」の名前は、それに由来すると関さんは話す。「この場から村おこしの楽しい企画が生まれたらいいなと思います。それは村への恩返しのようなものです」

「Ｃａｆｅ学校」は毎月第四火曜日の午後六時に開催。入学は随時、誰でも可。

（二〇一七年四月四日）

7　一味を振って「町のこし」全国で「なみえ焼きそば」作り

福島第一原発の事故で全町避難となっていた福島県浪江町で今月三十一日、六年ぶりに帰還困難区域を除いて避難指示が解除となる。その浪江町と聞いて首都圏の読者が思い浮かべるのは何だろう。人気のご当地グルメ「なみえ焼きそば」なのでは。町が消失しかねない危機に、その名前を全国にとどろかせた功績は計り知れなかった。

浪江町の町役場は震災以後、約四十キロ離れた同県二本松市に避難した。帰還の準備のために役場機能の一部が元の庁舎に戻ったのは昨年四月。これと同時に役場の隣に仮設商店街「まち・なみ・まるしぇ」が完成した。

この商店街の中に「浪江焼麺太国《やきそばたいこく》」のアンテナショップがある。お昼どき、店は約三十席が満員になるほどの盛況ぶりだ。制服姿の役場職員が多いが、避難先から来たのか、老夫婦の姿などもある。誰もが、太くて茶色い麺をほおばって、満面の笑みを浮かべている。

調理場で大汗をかいて、こてを振るうのは浅見公紀さん（41）だ。

なみえ焼きそばは、約六十年前にこの地で生まれた。農業、漁業で働く人々が安くて腹持ちのいい食べ物を求めた。極太中華麺に具は豚バラとモヤシだけ。濃厚ソースで仕上げ、最後に真っ赤な一味唐辛子を振り掛ける。町の中にあった二十軒の飲食店で当たり前のように食べられる日常食だった。

二〇〇八年十一月、商工会青年部が町おこしの材料として、この焼きそばに注目した。架空の王国・浪江焼麺太国を「建国」し、県内外でPR活動を展開。これが当たり、イベントを開くと、人口二万一千人ほどの町に約三万五千人もの食いしん坊が押し寄せてきた。

ところが一一年三月、東日本大震災と原発事故が起きる。実はこのとき、浅見さんは地元紙の浪江支局長だった。津波被害の取材中、懇意にしている警察官から電話が入った。

「逃げろ！　原発が爆発した」

「うそでしょ。からかってるでしょ。まさかね」

「ばか！　本当だ」

警察官は泣き声だった。

この日から浪江町の人々の苦しい避難生活が始まった。浅見さんも被災者と一緒に、埼玉県や東京都へと避難所を転々としながら取材を続けた。約一年後、定期異動の辞令が下りたとき、退職する道を選んだ。

「このまま浪江の仲間を見捨てるわけにはいかん。ただそればかりだったんですよ」

しかし、何ができるのか。残ったのは焼きそばだけだった。太国の「麺房長官」（事務局長）に任命された。

避難先や全国のイベントで焼きそばを焼いた。震災の風化を防ぐ写真展や講演活動にも力を入れた。「町おこし」のスローガンは、「町のこし」へと変わった。「九州の町で『私も浪江からの避難者です』と食べに来てくれる人がいるんです。やめるわけにはいかない」

一三年、全国のご当地グルメが集う食の祭典「Ｂ-１グランプリ」で一位を獲得。一気に知名度が上がった。

店に掲げたポスターには「君も一味だ！　国民一億人計画」と書いてある。

浅見さんは言う。

「この町はほっておけば、どんどん小さくなっていく。避難指示解除といっても、どれほどの人が帰ってくるのか、よくわからない。せめて焼麺太国は大きくなろうという夢です。新しい町づくりは、昔の浪江の人たちだけではできない。皆さん、焼きそばに一味を振り掛けて仲間になってください」

「この町にもう一度にぎわいを取り戻したい」と話す浅見さん＝福島県浪江町で

（二〇一七年三月七日）

8 読まれてこそ本は生きる　私設図書館「ふくしま本の森」

雪深い会津坂下《ばんげ》町の山里に、私設図書館「ふくしま本の森」がある。運営方法がとにかくユニークだ。どんな希少本でも貸出時の登録は不用。期限も冊数制限もなしで、また貸しもOK。「本は読まれてこそ生きる。どんどん外に出ていってほしい」とプロジェクト実行委員長の遠藤由美子さん（67）は話す。運営するスタッフも本好きのボランティアばかり。採算などハナから度外視で、本への愛で成り立っている奇跡のような図書館を紹介したい。

会津坂下町は会津盆地のほぼ中央に位置する人口一万六千人ほどの小さな町だ。「ふくしま本の森」は、この町の廃園になった幼稚園の建物を使って、二〇一五年九月にオープンした。

大雪の中を出掛けていくと、遠藤さんが駐車場の雪かきで大わらわだった。館長の松本幹生さん（66）もほどなくしてやって来た。図書館の中を見せてもらうと、約四万冊の本が、整然と分類されて並んでいる。最初に目に付くのは「お帰りなさいの本棚」だ。

この図書館で本を借りるには氏名と簡単な住所だけをカードに記載する。返却期限はなく、冊数の制限もない。返却するときは、この本棚に置くだけ。

「ここは本が泊まる港。本は旅に出て、たくさんの人に読んでもらって帰ってくるのがいい。そうして本の魅力を伝えるのが、この図書館の役目です」と遠藤さんが説明した。

二〇一一年三月十一日に東北地方を襲った大地震と大津波。衣食住に関する救援物資が全国から集まる中で、「心の救済も必要」と本の提供を呼びかけたのが民俗学者の赤坂憲雄さん（福島県立博物館長）だった。後方支援基地であった岩手県遠野市に三十万冊もの本が集まった。大部分は被災地に配ったが、約四万冊が残り、置き場に困った。名乗り出て、この本を引き取ったのが遠藤さんだった。

遠藤さんは生まれ育った奥会津地方の三島町で、二十年前から出版社を営んできた。雑誌に「世界で一番山奥の出版社」と紹介されながらも、奥会津の文化や風土に関わる書籍を世に送り出してきた。そんな本の虫にとって、四万冊もの本が廃棄される事態は耐え難かった。

トラック八台分の本が福島に来た。元幼稚園の建物を見つけ出し、運び込んだが、書架がない。ボランティアが大工仕事をし、司書資格者の指導で整理分類をし、開館にこぎ着けた。

実は松本さんは来館者の第一号だった。地元出身の松本さんは若い頃から東京の古本屋街を歩き回る古書マニア。

「ここに来て腰が抜けるほど驚きましたよ。探していた貴重な本が無造作に並んでいる。私にとっては宝の山です」

有頂天で通ううちに館長に任命された。

今、力を入れているのは「街かど図書館」運動。公共施設、飲食店など、要望のある場所に本を提供し、ミニ図書館にしてもらう。現時点で設置数は県内全域の三十七カ所に上る。

長く読まれ続ける絵本の名作を集め、子どもたちに薦める活動も展開中だ。

「若者が絵本を感慨深そうに見ていました。子供のころに読んだ絵本ばかりで、これを与えてくれた母親の愛情が初めて理解できたそうです。本には、そんな力があります。原発事故のあった福島県の復興はまだ道が遠い。それでも生きていく子どもたちに、本の力が届いたらいいなと思います」

石油ストーブが燃える部屋で、遠藤さんは、そう話した。

雪に覆われた本の森図書館の前で、遠藤委員長（右）と松本館長＝福島県会津坂下町で＝福島県湯川村で

＊　＊　＊

「ふくしま本の森」図書館は雪のため、三月までは日曜だけオープン。問い合わせは、同図書館＝電０２４２（８５）７６８０＝へ。

（二〇一七年一月三十一日）

9　人とつながり浜おこし　サンマ郷土料理再生作戦

福島第一原発の事故で福島県の農林水産業は大打撃を受けた。中でも立ち直りの遅れが目立つのが水産業だといわれる。「忘れた頃に汚染水問題が起きる。これがあるから、怖くて事業を再開できない業者が多い」と関係者は話す。そんな閉塞《へいそく》感を打ち破るのは、やはり若い力かもしれない。いわき市で始まったサンマ郷土料理再生プロジェクトの熱気を報告したい。

十九日夕、いわき市内で十七回目の「浜魂《はまこん》」が開催された。浜魂とは、事業の立ち上げを企画する起業家が聴衆の前でプレゼンし、聴衆はアイデアや支援を提供する、人と人を結び付けるイベントだ。以前、本欄で取り上げたNPO法人「TATAKIAGE　Japan」（タタキアゲ　ジャパン）が主催している。

この日のプレゼンターのひとりとして登場したのが上野台優《ゆたか》さん（41）だった。

小名浜漁港の近くで水産加工業を営む家の三代目。津波で自宅も加工工場も流された。事業は再開したが、売り上げは震災前には遠く及ばない。復活を目指して仲間たち三人と

「小名浜さんま郷土料理再生プロジェクト」をスタートさせた。

そのひとつがポーポー焼きをＰＲすることだという。

地元の人ならば誰もが知っているポーポー焼き。サンマのすり身にショウガ、ネギ、みそなどを混ぜ込んで小判のようにし、焼いて食べる家庭料理だ。もともとは漁師が船の上で食べた料理で、炭火の上に落ちた油がポーポーと燃えたことから名前が付いたといわれる。

上野台さんらが考えたアイデアは、このポーポー焼きをたこ焼き器を使って丸く焼き、かつお節やケチャップなどを添えて、子供向けのおやつのように観光物産館で売り出すこと。

「それで皆さんに新商品の名前を考えてほしいのです」

壇上から呼びかけると、約八十人の聴衆が沸き立つのがわかった。三十代、四十代の男女がほとんど。どの顔も好奇心でいっぱいだ。しばらくして案が集まってきた。選考と多数決の結果、爆笑に包まれて新製品の名は次のように決まった。

サンマ・ダ・タコ・デネーベ

「皆さんで考えてくれたのがうれしい。自分の子供のようにかわいがってほしい」と上野台さんは、にこにこと笑った。

翌朝、小名浜の港を歩いた。

地震直後の津波で、港付近にあった建物は大部分が浸水するか、流された。今は観光物産館やレストラン、遊覧船なども営業している。隣接地では大規模商業施設の建設も始まり、一見して日常を取り戻したかのようだ。だが上野台さんは「以前のにぎわいとはほど遠い。回復したかなと思うと、原発から汚染水が漏れたと報じられ、人が遠のく。またかと打ちのめされることの繰り返しで、皆が臆病になっている」と話す。

もともと福島県沖で取れる水産物は「常磐もの」と呼ばれ、築地市場などでも高い評価を得てきた。原発事故後、ヒラメ、メヒカリなど沿岸ものの魚は試験操業を除いて捕獲が制限されてきた。しかしサンマ、イワシなど沖合を回遊する魚は、変わらず本格操業を続けてきた。

小名浜機船底曳網《そこびきあみ》漁業協同組合の担当者は「サンマはロシアから南下してくる魚。原発より北側で漁をすることもあり影響は出ていない。検査の結果はすべて検出限界値未満で来ている」と話す。それでも買い控えが起きるのは、ただイメージの問題だ。

上野台さんらは、市内の飲食店にサンマのすり身を配り、好きなように料理をしてもらうという試みも始めた。その結果、サンマを使ったピザ、そぼろ、シューマイなどのメニューが生まれた。

「大切なのは人のつながり。たくさんの人を巻き込んで、自分のこととして考えてもらう。そして周りの人に拡散してもらう。そういう流れでこの状況を突破したい」

（二〇一七年一月二十四日）

新商品のたこ焼き型ポーポー焼きをPRする上野台さん＝福島県いわき市で

10　故郷の海を調べ尽くす　いわき海洋調べ隊「うみラボ」

原発が事故を起こす以前、福島県の沖はカツオやヒラメが群れる豊饒《ほうじょう》の海だった。地元で生まれ育った青年たちが、その価値をもう一度取り戻そうと、海底土や魚の放射線量を測る活動を続けている。グループの名前を「いわき海洋調べ隊『うみラボ』」という。

いわき市四倉町の道の駅で、うみラボの事務局を担う小松理虔《りけん》さん（36）と会った。日に焼けたひげ面の大男で、メガネの奥の目が優しい。この日、海洋調査に同行させてもらい、リポートをする予定だった。ところが海が荒れて出船停止。小松さんに活動の様子を聞くことになった。

小松さんは同市小名浜の出身。地元テレビ局や上海の日本語新聞などで経験を積み、今年四月からフリーランスのライターをしている。原発事故から二年八カ月後の二〇一三年十一月、仲間の八木淳一さん（41）らとうみラボを始めた。

船をチャーターして福島第一原発の沖へ行き、海から原発を観察しながら、検体となる魚を釣ったり、海底の土を採取する。検体は市内にある環境水族館「アクアマリンふくしま」に持ち込んで、分析してもらい、データを復興に役立ててもらう。県や学術機関の調査と違うのは、毎回調査員を公募。「しかめっつらはしない」をモットーに、楽しく釣りをすることにある。「大勢の人に福島の海を知ってもらうことが大切だと考えたんです」と小松さんは話す。

カツオ、サンマなどを飽きるほど食べて育った。そんな故郷の海は、原発事故以来、汚染された海といわれるようになった。試験操業の魚種は少しずつ増えて、今年三月現在で七十三種類の検査済みの魚が市場に出ている。それでも「福島産」となれば買いたたかれる状況は、まだ続いている。

小松さんらの企画に協力者も現れた。「調査船」となる釣り船・長栄丸の石井宏和船長(39)もその一人。漁師の三代目で、原発の直近にある富岡漁港を拠点に遊漁船を営んでいた。船は津波を逃れたが、釣り人はいなくなった。原発から半径二十キロについては、今も試験操業さえ始まっていない。いつになったら仕事が再開できるのか、明日が見えないまま協力を引き受けたのは、こんな思いからだ。

「この海の信用を取り戻す。子どもの世代にでもなって漁業が再開されたとき、積み上げたデータはきっと役に立つ」

アクアマリンふくしまも、うみラボに連動させて「調（た）べラボ」というイベントを始めた。うみラボで集めた検体などを分析する一方で、おいしく料理して入場者に振る舞う企画だ。今年七月の調べラボでは、アサリ汁、ツブ貝カレー、カニ汁などが好評を博した。

データ分析は富原聖一獣医師らが担当している。六月に採取した十八の検体の放射線量を測定したところ、シロメバル、クロソイ、アイナメなど五つの検体からセシウム一三七が検出された。特に原発の十キロ沖で捕獲された大きなクロソイは一キロあたり三〇ベクレルほどと比較的高い値となった。

富原獣医師によると、クロソイは六歳で事故当時に膨大な放射性セシウムを取り込んだ可能性があるという。同じ場所で捕獲されたクロソイでも五歳魚はＮＤ（不検出）となっている。従来、放射性セシウムが検出されやすかったアイナメの七つの検体のうち、六つは不検出だった。遮水壁など汚染水対策がある程度、功を奏しているのではないかともいう。

小松さんは「船に乗るようになって地元の海について何も知らなかったと痛感した。海はまだ生きている。好奇心を持ち続けていきたい」と話した。

海洋調査で大きなヒラメを釣り上げた小松さん＝福島県沖で（うみラボ提供）

＊　＊　＊

うみラボは九月にも実施予定。問い合わせは小松さん＝電090（4887）1119＝へ。

（二〇一六年八月十六日）

11　双葉町立仮設校（いわき市）の選択　不登校の子に手厚く

東京電力福島第一原発の事故で全域避難した七町村は、それぞれ避難先に仮設の小中学校を設置している。だが児童・生徒数が減り続け、存続の危機にひんしている学校も少なくない。

昨年四月にいわき市内に開設された双葉町立小中学校の場合も、現在の児童・生徒数は二十一人で就学対象者四百八十一人のうちの約四%にすぎない。だが開設時の十一人と比べると小さな数字ながら倍増したのだという。理由は「不登校児や軽度発達障害の子らに手厚い態勢で向き合う。区域外からも受け入れる」と大胆な方針を打ち出したことにある。窮余の策とはいえ、復興に向けた一筋の活路となるのではないか。学校を見せてもらった。

仮設校は、二つの小学校、一つの中学校、幼稚園が同居している。校庭こそないが、昨年八月に建設された軽量鉄骨二階建ての校舎は、冷暖房完備で、プロジェクターなどのIT設備も充実している。体育の授業は企業のグラウンドやスイミングクラブのプールを借りて使う。

開設当時は銀行の元支店を借用していたが、やっと環境が整ったところだという。最大の特徴は、被災自治体への加配措置で教職員が二十六人もいること。併設校であるため校長も三人いる。

双葉北小学校の渡辺由起子校長は「ひとりひとりの子どもに時間をかけられる。教育の原点を思い出すような気持ちになります」と話す。

教室では小学一年から三年までの児童六人が和太鼓を習っていた。双葉郡の公立校では「ふるさと創造学」と名付けて、祖父母や両親が暮らした故郷の芸能や、歴史を学んだりしている。「避難から五年目ですから、双葉町の記憶がない子が多い。地域のきずなを失わないために大切な授業です」と双葉南小学校の菊池泰高校長が説明した。

ほかの教室では社会や国語の授業をしていたが、いずれもほぼ個人授業。児童全員がタブレット端末を持っている。

どの子も元気そうに見えるが、避難先の学校で不登校になった子が何人もいるという。「避難先の学校で一年間、ひとことも話をしなかったという女の子がいました。よくおしゃべりをする子なので驚きました。大部分の子は新しい環境に慣れますが、それができない子はいる。ここでは職員を含めて全員が被災者なので安心するのかもしれません」と渡辺校長。

「被災賠償金をもらったろ」と級友にからかわれ、心を閉ざした子もいたという。何度も転校を繰り返したり、家族と離れたりした子もいる。そんな過酷な体験をした子どもに、徹底して寄り添うのが学校の方針だ。

児童・生徒はワゴン車、タクシーなどを使ったスクールバスで遠方から通って来るが、バスの送迎は教職員全員でする。根気よく話を聞き、少しずつ学校に慣れさせる。どこの学校でもやりたくてできないことが、ここでは実践できるという。

前の学校では一年間も不登校だったのに、笑顔を取り戻し、ぐんぐんと成績を伸ばした男児がいた。夢は故郷の海で祖父と同じ漁師になること。今は見違えるほど生き生きしている。

そんな評判が広がって、相談に来る親も増えるという良い循環が生まれつつある。区域外からの相談もあるという。

町では、軽度発達障害がある子の受け入れのために、支援員の雇用も計画している。

発案者の半谷淳教育長は、こう話す。「被災したために、国や企業などから支援を受けられるという側面もある。これを活用して教育の最後の砦《とりで》をつくったらどうかと考えた。

全国の悩みの多い子たちを受け入れるために寄宿舎を建ててもいい。そうして育った子が、やがて町の復興を助けてくれるかもしれない。それで、よいのです」

（二〇一五年九月十五日）

和太鼓を習う双葉町立校の児童たち＝福島県いわき市内で

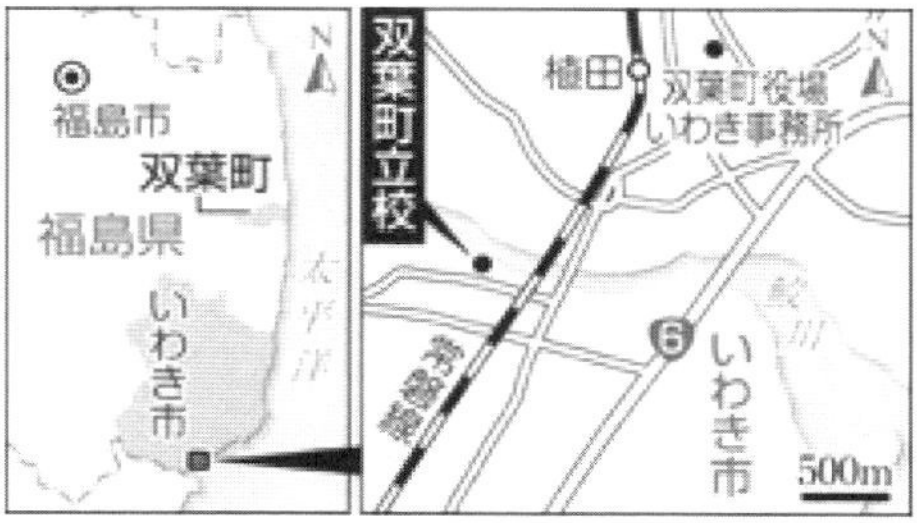

（双葉町立仮設校の位置）

12　若い力と知恵を求む　南相馬市で地域おこし協力隊募集

東日本大震災、東京電力福島第一原発事故で大きな痛手を受けた福島県南相馬市が初の地域おこし協力隊員を募集している。業務内容は、市内に点在する農家民宿の企画PRと、一度は全域避難で無人となった同市小高区のコミュニティーづくりの二つ。三年間の期限で国から給料が支給され、住宅なども用意される。市では「単なる手伝いではなく、将来はリーダーとして地域を支える人に育てたい」と大きな期待を寄せている。

南相馬市原町区にある農家民宿「いちばん星」を訪ねた。オーナーの星巌《いわお》さん（62）は、元市職員で震災当時は避難所を担当していた。津波の被害に原発事故が追い打ちをかけ、被災者はあふれ返った。眠る間もないような日々が続いたが、充実感を覚えるときもあった。それは、地元の仲間や全国から来た支援のボランティアらと心を通わすときだったという。

傷ついた古里をもう一度立て直す。その一念で「いちばん星南相馬プロジェクト」を立ち上げた。震災の翌年、役所を退職すると自宅を使って農家民宿を開業した。ボランティアの宿舎を確保する目的もあったが、それ以上に地域の核となる場所が必要だと痛感したからだ。

民宿「いちばん星」には、市内の農家民宿七軒でつくる「かあちゃんの会」も事務局を置いている。星さんによると、地域おこし協力隊は、こうした農家民宿の活性化プランの策定に携わることになるという。

いちばん星の場合でいえば、藍染めや乗馬体験などがリピーター客の人気となっている。庭にはアルパカやヤクシカの飼育場もあり、子供たちが遊びに来ることもある。敷地内にカフェも建築中だ。こうしたプランをより充実させるために若い知恵が欲しいのだという。

「避難したまま帰らない人は多い。それを嘆く人もいるが、私は、むしろ新しい人を呼び込むことの方が大切だろうと思う。新しい南相馬市をつくればいい」と星さんは話す。

もうひとつの募集業務は、小高区の地域再生だ。原発から二十キロ圏内に入った小高区は、事故直後に警戒区域に指定され、昨年七月に避難指示解除になるまで無人の町になった。この町に人の活気をとり戻す。

大阪市出身のコンピューターエンジニア、森山貴士さん（30）は二〇一四年七月から同区に入り、起業の道を模索してきた。今、取り組んでいるのが駅前のカフェつくり。JR常磐線が回復し、区内にある高校も再開した。ところが高校生たちが通学途中に立ち寄るような場所がない。そこで駅前にキッチンカーを出し、コーヒーの提供を始めた。こうしたアイデアを出し合い、活動する若い人が十人ほどいるが、地域おこし協力隊員も加わることになる。

「すべてがゼロから始まる。こんなに夢のある場所はない。自分の腕試しをしたいというパワーのある人材に来てほしい」と森山さんは話す。

＊　＊　＊

地域おこし協力隊は総務省所管事業で受け入れ自治体は全国で八百以上。勤務期間は三年間の期限があるが、南相馬市復興企画部では「期間終了後も地域に残ってもらえればありがたい。そのために期間中に起業への下準備を進めるなどしてほしい。こちらも全力を挙げてサポートしたい」と話している。

勤務条件、応募要件など詳細の問い合わせは南相馬市復興企画部の移住定住推進担当＝電０２４４（２４）５２６９＝へ。

（二〇一七年六月二十七日）

「復興には若い力が必要だ」と話す星さん。民宿「いちばん星」のアイドル、アルパカと＝福島県南相馬市で

13　二本松・岳温泉の今　「歩く」催し　健康増進訴え

再生可能エネルギーの拠点として「エコツーリズム」で復興を図る福島市の土湯温泉の挑戦を先週、本欄で取り上げた。同じく温泉地でユニークな取り組みを始めているのが岳《だけ》温泉（福島県二本松市）。こちらは「歩く」をテーマに据え、体を動かして温泉で癒やされる「ヘルスツーリズム」に活路を見いだそうとしている。さて、どんな取り組みか。

岳温泉は、高村光太郎が詩集「智恵子抄」でたたえた安達太良《あだたら》山の中腹にある。標高六百メートルほどの高原に旅館やホテルが点在し、スキー場が隣接する保養型の温泉地だ。

十八日、一軒のホテルで講演会が開催されていた。講師はドイツ人のハートヴィッヒ・ガウダー氏（62）。モスクワ五輪の競歩で金メダルを獲得するなど一流のスポーツマンであった同氏は、四十一歳で突然、細菌性の心臓疾患に倒れる。心臓移植で命を取り留め、後にニューヨーク・マラソンで完走を果たすなど健康を取り戻す。その過程で考案した運動法が「パワーウォーキング」。心拍数をコントロールしながら負荷をかけて歩き、体全体を鍛える歩行法だった。

「健康は努力によって得られるのです」と話すガウダー氏の言葉に約四十人の老若男女が聞き入った。この日のために県外から来た夫婦の姿もあった。

講演会を企画した岳温泉観光協会の鈴木安一会長によると、ガウダー氏が初めて岳温泉に来てパワーウォーキングを紹介したのは二〇〇五年春。これを契機に「歩いて健康になる温泉」をキャッチフレーズに掲げた。

岳温泉がもっともにぎわったのは一九八三年からの十年ほどだった。東北新幹線が開通したが最寄りの二本松駅は通らない。これに反発し、日本国からの独立を宣言。「ニコニコ共和国」をぶち上げると、物珍しさに観光客が殺到した。鈴木会長も第三代大統領に就任したが、ブームは長く続かない。次に活路を求めたのが、ヘルスツーリズムだった。

「そもそも温泉は健康づくりの場です。欧州の保養地のような落ち着いた滞在型の温泉地を特色としたいと考えました」

その後、二〇一一年三月に東日本大震災と福島第一原発事故が起きる。岳温泉は被災者の避難宿舎となり、県外からの客は激減した。

小中学校が主導する教育旅行も途絶えた。原発事故から六年のこの冬、埼玉県の中学が事故後初のスキースクールを実施すると、「やっと解禁」と地元紙に大きな見出しで報じられた。

そんな逆風の中で粛々と続けてきたのが、健康へのこだわりだった。柱の一つが総合型地域スポーツクラブ「岳クラブ」。

毎月定期的に行っている「月例ウォーク」などのイベントに、県内外を問わず、誰でも参加できるクラブだ。

六月のスケジュールを見ると、「滝ウォーク十一キロ」「山奉行コース十一キロ」などがある（ショートコースもあり）。いずれも参加費は三百円（年会費千五百円）。ほかにも「あだたら縦走トレッキング」「ノルディックウォーキング教室」「体力測定会」などのイベントがある。併設して「安達太良マウンテンガイドネットワーク」があり、友人同士の登山でガイドを頼むこともできる。

福島県の宝はいくつもあるが、雄大な山々と温泉の魅力は格別だ。まずは訪れることから復興への手助けが始まる。

＊　＊　＊

問い合わせは、岳クラブ＝電０２４３（２４）２３１０、ハートヴィッヒ・ガウダーパ

安達太良山の山頂直下を歩く参加者たち＝福島県二本松市で

ワーウォーキング協会＝電03（3791）8375＝へ。

（二〇一七年五月二十三日）

14 「福島は障害を背負った」「はじまりの美術館」館長の言葉の意味

磐梯山の麓の福島県猪苗代町に酒蔵を利用した小さな美術館がある。名前は「はじまりの美術館」。障害のある人が生み出す表現力、地域の人のつながりが生み出す豊かさなどに着目し、展示をしている美術館だ。館長の岡部兼芳さん（41）が以前、あるインタビューで残した言葉が気になっていた。「原発事故により福島は障害を背負った県になった」という。なるほど、現実として世間に横行する「原発避難者いじめ」の根はここにあるのではないか。もっと話を聞きたくて、足を運んだ。

はじまりの美術館は震災から三年後の二〇一四年六月に開館した。障害者支援のための社会福祉法人「安積《あさか》愛育園」（郡山市）が運営母体であり、岡部さんも障害者作業所の支援員などを経験した福祉の専門家。もともとアートの専門家であったわけではない。しかし、障害がある人が入所施設などで制作する作品の自由奔放なきらめき、まねできない力には気づかされていたという。

フランス人の画家、ジャン・デュビュッフェが一九四五年に考案した「アール・ブリュット」（仏語で「生の芸術」の意味）は、まさにこうした人を振り向かせる力を重視している。

ともあれ、展示を見せてもらった。現在は企画展「たべるとくらす」を開催中（二月二十日まで）。雪深い会津地方で培われてきた食べ物に関する知恵、食べ物を巡る人のつながりなどを表現する六人の作家の作品が紹介されている。六人のうちの二人には障害があるが、あえて健常者、障害者といった分け方はしない。見る人が自由に感じてくれればいいという方法だ。

会津の一般家庭の食卓を再現し、思い出深い食べ物を写真に撮った作家もいた。「幻のレストラン」と題した展示は、昔の料理を若者たちが手作りする過程を淡々と動画に撮った。

障害者の作品は見ればわかる。稚拙だからではなく、信じられないほど精緻だったりするからだ。同じ絵を大きさと色だけを変えて、コピーのように描いた作品もある。どこか異質な感じは、むしろ新鮮な驚きを与えてくれる。決まり事や枠を飛び出した感じも壮快だ。

岡部さんは「障害とは、社会生活をするうえでの摩擦のようなもの」と話す。「普通とは少し違う。だから生きづらさを感じることもあるだろうけれど、必ずしも劣ったものではない。障害のある人の作品をみて、物事を受け止める受容性が高まったと感じることがある。そうした気づきは、社会を豊かにもする。障害を理由に差別をする人は、本当の姿を知らないだけです」

岡部さんは、あるインタビューで「福島は原発事故で障害を背負った」と話した。それは、こんな意味だったという。

「原発事故後も大勢の人が福島に住み、普通の生活を送っている。なのに先入観やイメージで線引きされ、恐ろしい場所のようにいわれる。避難者の子供がいじめを受けたりするのは、親の意識を反映している。この構図は障害を巡る構図と同じです。共通するのは、ひとごとであるという無責任さ。まずは自分の五感で感じてみることが大切でしょう。たくさんの人が福島に来て、現実を見てくれたらいいなと思います」

雪景色の猪苗代。スキー旅行の途中にでも、同美術館に足を運んでみるのはどうだろうか。

＊　＊　＊

会津の食卓を再現した展示の中で「障害への差別と原発避難者いじめの根は同じ」と話す岡部館長＝福島県猪苗代町で

はじまりの美術館はＪＲ猪苗代駅から徒歩二十五分。問い合わせは同美術館＝電0242（62）3454＝へ。

（二〇一七年一月十日）

四 農民　チェルノブイリを行く

1　福島の農家らウクライナ視察同行記（上）
甲状腺異常三一年の現実

福島県の農家らが先月下旬、ウクライナ各地を視察した。一九八六年のチェルノブイリ原発事故から三十一年。今もなお、史上最悪と言われた事故の深刻な影響下にある現地では、事故後に甲状腺の手術をした女性など何人もの被災者に出会った。東京電力福島第一原発事故後の故郷の姿と重ね合わせる参加者の胸には、重い問い掛けが残った。「チェルノブイリの現実は福島の未来なのか…」。記者も視察に同行、様子を三回に分けて報告する。

ツアーを主催したのは福島県農民運動連合会。根本敬会長のほか会員五人が九月二十三日にウクライナ入りし、現地調査を続ける木村真三・独協医科大准教授の協力を得て首都キエフ市、チェルノブイリ原発があるプリピャチ市などを巡った。

キエフ市は石畳が美しい人口約二百九十万人の大都市。チェルノブイリ原発から南へ約百キロの位置にあり、原発事故当時、四万人もの避難者が強制的に移住させられた。そのまま定住した人も多く、市内には避難者の互助組織が幾つもある。

「ゼムリャキ（同郷人）」もそのひとつ。女性会員で会計士のユーリャ・ラルテンユさん（38）が話を聞かせてくれた。

長い金髪のユーリャさんを見て、参加者の誰もが息をのんだ。首の付け根に弧を描く手術痕があったからだ。二〇〇二年、二十三歳の時に甲状腺の一部を切除したという。

事故当時は七歳。父は原発労働者で、一家はチェルノブイリ原発近くに住んでいた。事故の二日後に家を出てバスに乗ったのを覚えている。避難先を転々として翌年、キエフ市内に支給された集合住宅に落ち着いた。

甲状腺に異常が見つかったのは十二歳の時。疲れやすく、立ち続けると心臓がどきどきした。食物をのみ込むと、のどに違和感も覚えるようになり、十一年後に手術に踏み切った。医者は、原発事故が原因であると話したという。

ユーリャさんは当時妊娠しており、翌年に結婚、現在十四歳の長男を産んだ。その後、長男の甲状腺に結節が見つかった。医者は「母親が妊娠時に甲状腺に問題を抱えていたからではないか」と話したという。ユーリャさんは今もホルモン剤の服用を続けている。

五歳になる長女には甲状腺異常は見つかっておらず、長男も元気に生活している。「長男はキックボクシングをしていて絵の才能もある。後悔のない人生を送らせてあげたい」。ユーリャさんは息子を案じる。

ウクライナは事故から五年後、被災者救済のためのチェルノブイリ法を制定。移住先での雇用、住居、食料、薬の提供、保養の費用などを約束している。被災証明書を持つユーリャさんは、食料費の補助や公共料金の減免などを受けている。

民間の支援制度もある。「ゼムリャキ」は、困窮家族に向けた「SOSプログラム」を用意。白内障や脳卒中などで働けない被災者に経済的支援などをしている。「チェルノブイリの犠牲の子どもたち」というプログラムでは、被災者から生まれ、障害がある子供たちを後押しする。ウクライナでは、原発事故に起因する健康被害の存在が当たり前の前提になっている。

「つらい話が多く、頭が痛くなるほど考えた」。視察に参加した女性(46)は旅の途中、他の参加者の前で話した。「帰国したら、子どもたちと甲状腺の問題について話し合おうと決めた。逃げていて済む問題ではないのだと、よく分かったから」

(二〇一七年十月三日)

甲状腺摘出手術の経験を話したユーリャさん。首の下に手術痕が見える。「それでも私は生きている」とも話した＝ウクライナ、キエフ市で

2 福島の農家らウクライナ視察同行記（中）
消えゆく村に響く歌声

福島の未来はチェルノブイリの現在と重なるのか…。重い問い掛けを胸に、福島県の農家などでつくる視察団が先月、原発事故から三十一年が経過したウクライナ各地を巡り歩いた。今回は、原発周辺に住み続けるサマショール（自発的な帰還者）と呼ばれる人々について報告する。

一九八六年のチェルノブイリ原発事故の後、汚染された原発周辺半径三十キロの地域は居住禁止ゾーンに指定され、十三万六千人もの住民が移住を強いられた。二つの市、九十三の村が消え、特に放射線量が高い村は、建物すべてが破壊され、土に埋められた。

ところが、原発から南東に二十キロほどに位置するクポワトイエ村には、事故でいったん強制避難させられた後、違法と知りながら故郷に舞い戻ったサマショールが四家族、十七人いる。政府は無理に排除することはせず、電気やガスを提供するなど最低限の援助を続ける。ほとんどが老齢で女性が多い。

その一人であるランナさん（84）は、遠路はるばる訪ねてきた視察団に「よく来たねえ」と歓声を上げげた。小柄な体で右足を引きずっている。足首の潰瘍が痛むというが、家と庭を何度も往復して、手料理や手製のウオッカを運んだ。自慢のパンケーキをいただいた。ジャムをつけて食べるとなかなかの味だ。肉を煮込んだスープもうまい。

ランナさん一家は、事故直後に首都のキエフに移ったが、翌年に住み慣れた家に戻ってきた。夫はその後亡くなり、今は寝たきりの妹（80）と二人暮らし。「キエフに自分の家はない。私はここがいいんだよ。妹より先には死ねないね」と笑う。

庭でニワトリ、アヒル、ヤギなどを飼い、畑でジャガイモやスイカなどを栽培する。時折、訪問販売のトラックが来て、日用品を買えるという。生活用水は井戸水で賄い、自生するキノコやベリー類も食べる。

土壌などの放射性物質濃度は比較的高いはずだが、「ウオッカを飲めば大丈夫よ」と屈託がない。家の周辺の空間放射線量を測ると、毎時〇・二マイクロシーベルトほど。福島第一原発事故により設定された帰還困難区域よりも低いぐらいだ。

ランナさんと談笑するうち、近所に住むマリアさん（87）やソフィアさん（67）もやってきた。視察団の一人、菅野正寿さん（58）はハーモニカを吹き始めた。曲は「ふるさと」。

ほかの団員も声を合わせて歌った。

すると、返礼にランナさんらも歌い始めた。民謡だろうか。何曲も歌った。少し調子外れの元気な声が、人影の絶えた村の道や畑に、いつまでも響いた。

菅野さんは福島第一原発から三十キロ以上離れた福島県二本松市で、放射能と闘いながら有機農業を実践する。ランナさんらが作る野菜をかじり「立派なものだよ」と感心しきりだった。

一方、視察団の浪江町議の馬場績《いさお》さん（73）は村に入ってから口数が少なくなった。生い茂る樹木に埋もれようとする建物、人の生活の跡を食い入るように見つめ続けた。

自宅は、帰還困難区域の中でも特に放射線量が高いとされる同町津島地区にある。避難して長期間無人のままの自宅は、イノシシやアライグマなどに踏み荒らされ、長靴なしでは上がることもできない。

馬場さんはため息をついた。「ここは未来の津島なんだな。こうやって、すべてが森に返っていくんだな」

サマショールは、多い時には千六百人ほどもいたが、亡くなるなどして激減しているという。いずれはいなくなるだろう。原発事故は、消しゴムのように、かけがえのない故郷を、この世から消す。

「声を合わせて歌う（左から）マリアさん、ランナさん、ソフィアさん＝ウクライナ・クポワトイエ村で

（二〇一七年十月十七日）

3　福島の農家らウクライナ視察同行記（下）
原発事故　情報隠しの実態

チェルノブイリの現実は福島の未来なのか…。重い問いかけを胸に、福島県の農家などでつくる県農民連（根本敬会長）の視察団がウクライナ各地を巡った。今回は、事故の被害を知らぬまま住民が長期間にわたり被ばくを強いられたナロジチ地区の現在などを報告する。

チェルノブイリ原発の四号機が火を噴いたのは一九八六年四月二十六日。原発から三十キロ圏内の住民は一週間後から強制移住させられた。

しかし、三十キロ圏外にも深刻な放射能汚染が広がることを示す地図が住民に公開されたのは、実に三年後の八九年になってからだった。当時のウクライナはソビエト連邦の構成国で（九一年に分離独立）、ソ連政府が事故情報の統制を徹底したことが背景にあるとされる。

視察団は、三十キロ圏外で汚染度が高いホットスポットとして知られるナロジチ地区を訪れた。原発から南西七十キロの位置にある。

現地調査を続ける木村真三独協医大准教授によると、地区では事故直後、毎時三〇ミリシーベルトもの空間線量を記録したという。到底、人が住める環境ではない。ところが三万人もの住民は何も知らされないまま被ばくし続けてきた。

ジャーナリズムの成果で放射能汚染の事実が暴かれ、ソ連政府は全員の移住を約束する。しかし、ソ連の崩壊とともに約束は宙に浮いた。今も九千四百人ほどが健康被害におびえながら住み続けている。

ナロジチ地区の行政の責任者であるアナトーリ・レオンチューク氏が現状を説明した。

「民家の屋根をふき替えたり、道路を定期的に洗浄したりという徹底的な除染によって、線量は劇的に下がっている」という。「二〇〇四年ごろを境に、がんや甲状腺被害などの健康被害は減ってきている」とも。

レオンチューク氏の最大の関心は、農業による地域経済の復興にあるようだった。「〇七年ごろから民間企業が投資を始めた。かってのコルホーズ（集団農場）、ソフホーズ（国営農場）などを解体し、集約した農場でトウモロコシ、ヒマワリ、ミルクなどを生産し、成果を上げている」と一気に話した。

事故後、農業をするために帰ってきた住民も百人ほどはいるという。「この町を（被爆を経験した）広島や長崎のように、将来の展望がある町にしたいのです」

それにしても三十一年前、事故の情報はなぜ抑えられたのか。視察団は、原発から八キロの至近距離にある「チェルノブイリ2」と呼ばれる軍事施設の廃虚に向かった。

北国らしい針葉樹の森の中に、壁のように組まれた鉄骨がそびえていた。高さ百五十メートル。幅二十メートル。長さは八百メートルもある。

ガイドのセルゲイ・ブランチャクさん（56）によると、鉄骨はレーダーとして、西側諸国の動きを探る役割を担う地球規模の「耳」だった。七三年に完成した原発を追い掛けるように建設されたという。

隣接する荒れ果てた建物は地上八階、地下九階。かつては三千人もの軍関係者が働き、集めた情報をモスクワに送っていた。原発で生まれた電力のうち相当な割合がこの施設で使われていた。付属して迎撃ミサイルの基地もあったという。

ソ連軍の兵士として従軍した経験もあるセルゲイさんは「原発と軍事施設はセットで存在していたと考えている」と話した。

事故から三十一年が経過したチェルノブイリ原発四号機の石棺の前に足を運ぶと、各国

ナロジチ地区の保健所に設置された線量計。「最近はキノコなどを持ち込む人も随分減った」と係官＝いずれもウクライナで

森の中に放置されたレーダーの残骸

からの視察団が順番に記念撮影をしていた。のどかな光景が逆に恐怖を誘った。原発は何の目的で生まれ、人々に何をもたらしたのか。事故について、どれほどの事実が明らかになっているのか。

（二〇一七年十月三十一日）

五

動物を救う

1 「原発の町」で始まるエコ　元会社員の女性、大熊町に放牧場

福島第一原発の立地自治体である大熊町で七頭の牛が元気に暮らしている。世話をしているのは五年前まで東京で会社員だった谷咲月《さつき》さん（33）。テレビで見た被災地の牛が餓死していく映像に衝撃を受け、帰還困難区域に単身で通い、放れ牛を集めて放牧場を作った。牛たちは荒れ地化する田畑の雑草を食べ、地域復興に貢献している。そんな放牧場が転機を迎えつつある。引っ越しを余儀なくされたのだ。

谷さんの放牧場は原発から西へ約九キロの農地にある。帰還困難区域であるため、日々の作業に通うのにも、まず警備員が常駐するゲートを通過しなくてはならない。町発行の通行証（毎週更新）と身分証明書を提示し、さらに防護服と帽子、さらにマスクを着用する。そうして到着した放牧場は、厳重警戒がうそのようなのどかさだった。

一・五ヘクタールの水田跡に七頭の牛が寝転んで一心に草を食べている。周辺が柳などの低木に覆われて荒れ地と化しているのに比べ、電気柵で囲まれた放牧場だけは、緑のカーペットを敷いたように整然としている。ただし空間放射線量は毎時三〜四マイクロ

シーベルト。

人の姿を見つけて、牛たちがノロノロと集まってきた。

「名前はカール、カタ、ホソ、クロ、ウエ。子牛はミルクティーとコーヒー。誰が見てもわかるでしょ」と谷さんが目を細めた。谷さんは静岡市出身。原発事故当時は、東京で会社勤めをしていた。病気がちで鬱々《うつうつ》とした日々。そんなとき目に飛び込んできたのが飢えた牛たちの映像だった。

「水一滴でもあげることはできないのか」。そう考えたのが行動を起こした始まりだった。

東京から電車やバスで福島県に通い、仮設住宅を回って牛飼い農家の話を聞いた。誰もが残してきた牛を心配していたが、警戒区域（当時）には立ち入れない。「お願いだから入れてくれ」とゲートの前で警備の警察官に土下座をした人もいた。

三カ月ほどして住民の一時帰宅が可能になり、同行した。牛舎の牛は死んでいたが、何頭か放れ牛がいるのを知った。放射能で汚染された放れ牛は連れ出すこともできない。牛を生かすにはどうするか…。

思い付いたのが放牧だった。

雑草を牛に食べさせ、草刈り機として里山再生に活用する。防火帯を作り、野生動物が山から下りてくるのを防ぎ、農地をよみがえらせる。そんな構想を本で読んだことがあった。

餌づけから始め、放れ牛を柵にいれることに成功した。休耕地の所有者を捜し、許可を得て、電気柵で囲った。牛飼いにも電気工事にも素人の谷さんが、悪戦苦闘の末にやり遂げた。

運転免許も取得し、昨年一月から近隣の楢葉町に住まいを移した。八カ月後に避難指示解除となった楢葉町は当時は無人だった。新設されたコンビニの店員となり、復興要員の特別居住許可を得たのだという。

今は楢葉町から通い、電気柵の点検などをする。事故直後に農林水産省などは牛の殺処分を指示したが、二〇一二年八月に「放牧であれば牛を生かしてもいい」とお墨付きを出した。やっと軌道に乗ったかに思われた。

だが、大熊町は今年、谷さんに現在の放牧場を放棄するように指示した。同町産業建設課は「一部の住民から牛が逃げ出したら困ると苦情があった。放牧自体は事業計画どおりにやってもらえれば、何の問題もないのですが」と理由を説明する。

仕方なく谷さんは町の別の場所に放牧場を移すことにした。

土地の提供者があり、以前よりもずっと広い用地が確保できた。だが、電気柵のくい打ち、通路の草刈りなど力仕事をイチからやり直すことになる。それでもへこたれる様子はない。

「避難指示が解除になったとき、帰還する人に公園のように美しい牧場をみせてあげたい。牛で休耕地を再生するシステムを確立すれば、日本中で役に立つでしょう。原発事故の町からエコが始まる。夢みたいです」

山桜を背に、そう話した。

＊　＊　＊

谷さんが代表理事を務める「ふるさとと心を守る友の会」では、寄付やボランティアを募っている。連絡先はEメール＝friends.humane@gmail.com

（二〇一六年四月二十六日）

牛と谷咲月さん。以前はここも荒れ地だった
＝福島県大熊町で

2　御礼、引っ越しました　大熊町放牧牛のその後

福島第一原発がある大熊町で牛たちが元気に暮らしている話を今年四月に取り上げた。原発事故で被ばくし行き場を失った牛たちを生かすため、ボランティアの谷咲月《さつき》さん（33）が放牧場を造ったが、引っ越しを余儀なくされたという話だった。その牛たちが五日、無事に新たな牧場へ移った。

引っ越しはうだるような暑さの中で始まった。三年前に造った約一・五ヘクタールの牧場に飼われていた五頭をトラックで約二キロ離れた新しい牧場へ。電気柵で囲われた約三ヘクタールの水田跡に入れると、牛たちは元気いっぱいでススキなどの雑草を食べ始めた。

「やっと再スタートです」と話す谷さんの声も弾んでいた。これまでの経過を振り返っておこう。二〇一一年三月の福島第一原発の事故で、大熊町は大部分が立ち入り禁止となった。町内で肥育されていた黒毛和牛は置き去りにされ、最初の数カ月で多くが餓死した。

しかし自力で山に逃れ、生き延びた牛たちがいることが分かった。東京で会社員をしていた谷さんは、牛たちを生かすために無人となった大熊町で放牧することを思い立つ。牛を餌づけして集め、電気柵をつくり、悪戦苦闘の末、牧場をつくった。荒れ放題になった被災地の雑草を牛たちに食べさせ、里の景観を取り戻す。題して「モウモウプロジェクト」。「ｍｏｗ」は英語で「草を刈る」の意味だ。

当初は牛たちを殺処分するように求めていた厚生労働省も居住制限区域外に出さないことを条件に飼育を認めた。ところが今年になって、大熊町は一部住民から要望があったとして牧場の閉鎖を指示。谷さんは町内の別の場所に用地を確保し、引っ越しをすることになる。

簡単な話ではなかった。新しい用地の外周に鉄パイプを打ち込み、電気柵を回す。人力で通路の草を刈り、牛舎や水場をつくる。男でも音を上げそうな肉体労働に小柄な女性の谷さんは連日、汗まみれ、泥まみれで取り組んだ。現地は帰還困難区域であるため、立ち入りには煩雑な申請が必要となる。これも一人でやった。

彼女を支えたのは、全国から集まったボランティアだ。一日に二、三人程度だったが、熱心に通ってくれる人々がいた。

引っ越し当日は、浪江町で約三百二十四頭の被ばく牛を飼う「希望の牧場」代表の吉沢正巳さんがトラックを提供した。「被災地域にはまだ五百五十頭余りの被ばく牛がいる。無駄に殺さないために谷さんのやり方も一つの方法ではないか」

東京都世田谷区で動物病院を営む獣医師の天野芳二さんら、動物保護活動に取り組む人々も応援に駆けつけた。愛知県蒲郡市から来た宮地宏和さん（61）は夫婦で活動に参加しているという。そんな善意が集まって、こぎ着けた引っ越しだった。

用地を提供した女性は、農業をしながら三人の子どもを育てた。今は郡山市の復興住宅に単身で住む。「この家にはたぶん帰らないけど、ここに来て作業を手伝っていると本当に楽しい。大勢で野良仕事をした震災前に戻ったみたいだ」と話す。

食用にできない牛を生かすことを非効率と考える人がいるかもしれない。しかし、小さな命もないがしろにしない精神の向こうに、人に優しい、実のある復興があるのではないか。

＊　＊　＊

谷さんが代表理事を務める「ふるさとと心を守る友の会」では寄付、ボランティアを募っている。連絡先はＥメール＝friends.humane@gmail.com

引っ越しを終えて、牛に話しかける谷さん＝福島県大熊町で

ボランティアも牛の引っ越しを手伝った

（二〇一六年九月十三日）

3　牛歩でも前へ進む　大熊町放牧牛のその後

福島第一原発がある福島県大熊町の帰還困難区域で飼われている牛たちの話をまた報告したい。被ばくして行き場を失った七頭の牛たちを生かすため、東京で会社員をしていた谷咲月《さつき》さん（33）は「モウモウプロジェクト」を立ち上げた。牛に雑草を食べさせ、荒れ放題になった被災地で里山の景観を復活させるプランだ。次から次へと難題が降り掛かる中、ボランティアの協力などで次第に牧場の体を成してきた。一歩ずつ「牛歩」で前へ進んでいる。

牛の放牧場は福島第一原発から約十キロの水田の跡地にある。谷さんが餌のリンゴを入れたバケツを持って近づくと、七頭の牛たちが巨体を躍らせて集まってきた。手で与えるリンゴに食い付き、体をすり寄せて離れない甘ったれもいる。大きな目は好奇心で満ちている。驚くほどに表情が豊かだ。

名前は、カール、カタ、ホソ、クロ、ウエ。二匹の子牛がミルクティとコーヒー。七頭は今年九月、町内の別の場所から引っ越した。最初に五頭が移り、その後、二頭が合流した。

「震災でけがをした牛もいるし、怖い思いをしたせいで、最初は随分と神経質でした。今は人間への不信感が薄れてきたみたい」と谷さんは話す。

敷地は三ヘクタールほど。ヤナギやススキが生い茂り、荒れ放題の休耕地だった。ここを電気柵で囲み、牛を放す計画だった。

だが、現時点で電気柵は十分に稼働しているとはいえない。使いたくても電気がないのだ。人が住まない帰還困難区域であるため、電気、水道などのライフラインは止まっている。

計画では太陽光パネルで発電した電気を使用するつもりだったが、技術をもったボランティアスタッフが少なく、手が回らない。仕方がなく鉄パイプで囲った約一アールほどの区域に牛を集めて飼っている。牛が飼われている区域に限れば、雑草はきれいになくなった。電気柵さえ使用できれば、三ヘクタールの敷地のほとんどが整然としていただろう。

何をするにも帰還困難区域であるハンディがつきまとう。

放牧場の入り口には鉄製のゲートがあり、登録した人、車以外は出入りができない。しかも滞在時間は午前九時から午後四時までに限られる。作業は時間との闘いだ。また火気厳禁であるため、寒い日にたき火で暖を取ることもできない。

思わぬアクシデントもあった。十月、谷さんが草刈り作業中に左手に大けがを負い、入院、手術をした。今は復帰し、左手をかばいながら、餌やりなどの力仕事に奮闘している。

そんな谷さんを支えてきたのは、全国から集まるボランティア。愛知県在住の根本鎮郎《しずろう》さん（69）は多彩な人脈と豊富な人生経験を持ち、今やモウモウプロジェクトのご意見番的な存在。九日は二本松市のリンゴ農家から傷物のリンゴ約五百キロを調達してきた。草刈りやくい打ちでも現場監督兼主力部隊だ。

福島市で除染の請負業をする山本剛さん（43）は大型ポリタンクを五つ、寄贈してくれた。牛の水飲み用としてのどから手が出るほど欲しかったものだ。

写真家のフランコ・タデオ・イナダさん（34）、画家の近藤圭恵《よしえ》さん（33）夫妻は東京から通って来る。圭恵さんは牧場の看板にかわいい牛の絵を描いた。フランコさんは写真を撮りながら、持ち前の器用さで、餌やり用の台を鉄パイプで組み上げた。

小さな力の結集が七頭の牛を生かしている。

＊　＊　＊

谷さんが代表理事を務める「ふるさとと心を守る友の会」では、寄付やボランティアを

募っている。連絡先はEメール＝friends.humane@gmail.com

（二〇一六年一二月十三日）

表情豊かな牛たち＝福島県大熊町で（フランコ・タデオ・イナダさん撮影）

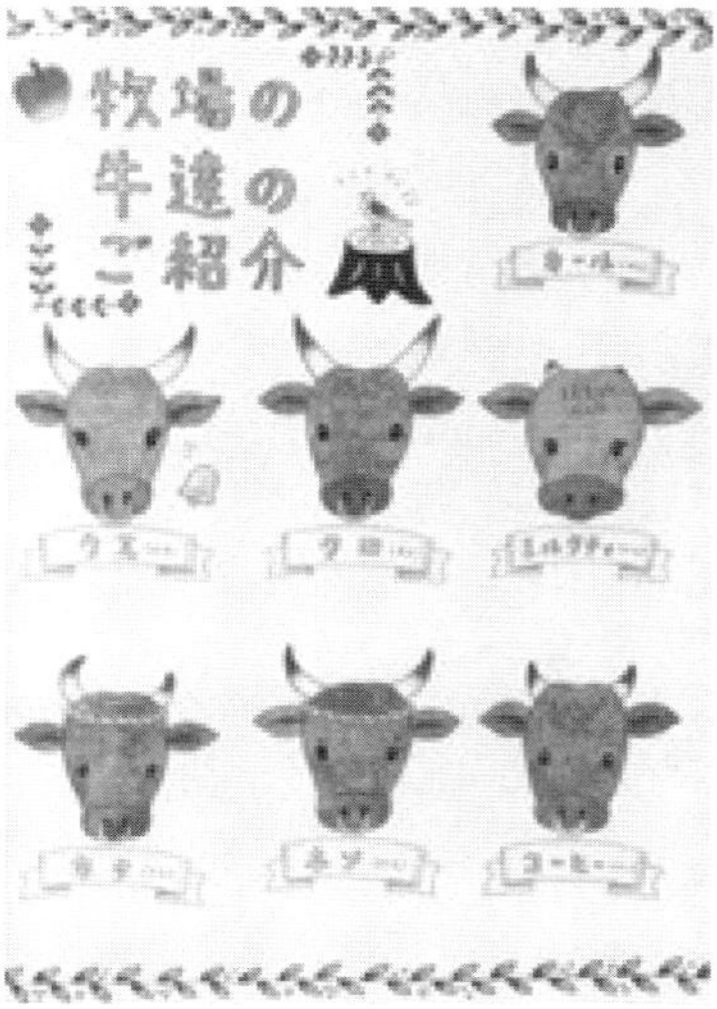

近藤圭恵さんが作った牛のプロフィル。放牧場に近く掲示される

4　被ばくの馬を飼う　南相馬市の家畜仲買人

放射性物質で汚染された被ばく牛の話は何度か書いた。今回は馬の話。福島県南相馬市には千年も前から野馬追《のまおい》の神事が伝わっている。近郷から集まった五百〜六百騎もの甲冑《かっちゅう》姿の騎馬武者が合戦さながらに旗の争奪戦などを繰り広げる、地域の人々の血肉に染み付いた祭りだ。それだけに近郷で飼われて、被ばくした馬は多かった。被ばく馬は、どうしているのか。

福島第一原発から約十六キロ。南相馬市江井《えねい》地区に相双ファームの厩舎《きゅうしゃ》がある。馬主の田中信一郎さん（55）は、たった一人で九頭の馬の世話をしていた。

「いつまで続けるのかって？　馬が死ぬか、おれが死ぬかよ」

ぶっきらぼうな受け答えだが、馬が鼻をすり寄せると相好が崩れる。「余計なことを言わない分、子どもよりもかわいい」と言いながら白い歯を見せた。

田中さんは、主に馬の売買や周旋、肥育を生業としてきた家畜仲買人の三代目だ。

東日本大震災で厩舎は約一・五メートルの津波に襲われた。エサ用のコンテナ二台が流されたが、三十八頭いた馬は濁流の中を旺盛な生命力で生き延びた。ところが、原発事故が起き、住民は避難を余儀なくされた。田中さんも新潟県の越後湯沢市などを転々とした。約二週間後に戻ったとき、九頭が餓死していた。

震災当時、南相馬市全体では約三百頭の馬が飼われていた。生き延びたのは、このうち一割程度とみられる。当初、農林水産省は、被ばくした馬は移動させずに安楽死させるよう指示した。「それでは伝統の野馬追が消えてしまう」と地域の人々は反発した。田中さんも、その一人だった。避難先から陳情を重ね、福島第一原発から三十キロ圏の外に出さないことを条件に生き延びさせる特例措置を勝ち取った。

「南相馬で安楽死させた馬は一頭もいなかったはずだ」と語る田中さんは誇らしげだ。

生き残った馬のうち二十八頭は、市内の馬事公苑に集められ、田中さんらが世話をした。全国から集まったボランティアらも手助けをした。特別な許可が出て、一カ月間、北海道の牧場で放牧されたりもした。馬の腹には、被ばくの印の焼き印が押された。そうして、生き残った馬の一部が相双ファームの九頭だ。

一頭のポニーを除いて、すべてがサラブレッドで、かつては競馬場や乗馬クラブで活躍した名馬もいる。だが年老いたり、けがをしたりで、以前のような働きは望めない。エサ代は一頭につき月額五万~六万円もかかる。東京電力と交渉して損害賠償は得たが微々たる額だ。

もうけのない仕事だから、エサやり、掃除などすべての作業をひとりでやる。昼食をとる時間もないほどの忙しさだ。

状態のいい馬は、毎年、レンタルされて野馬追に参加する。今年の野馬追は七月二十三~二十五日の三日間。同十二日に小高区の居住制限が解除されると決まっている。やっとほぼ昔どおりの祭りが帰ってくる。

七月になると、早朝、騎馬武者が馬乗りの稽古を始める。相双ファームが、一年のうちで、もっとも活気づく季節が、まもなくやってくる。

＊　＊　＊

〈相馬野馬追〉福島県の浜通り北部で鎌倉幕府開府以前から伝わる祭礼。馬を追う野馬懸、甲冑競馬、神旗争奪戦、騎馬武者の行列などが三日にわたって繰り広げられる。出場者は、晴れ舞台のために馬を養い、腕を磨く。東日本大震災があった二〇一一年夏も規模を縮小し、敢行された。

（二〇一六年六月十四日）

被ばく馬には、目印の焼き印がついている

昨年７月、神旗争奪戦で勝ち名乗りをあげる騎馬武者
＝いずれも福島県南相馬市で

5　被ばく牛「見続ける」研究者たちの執念

低線量被ばくは動物の体にどんな影響を及ぼすか。原発事故に見舞われた福島の県民の中に、この答えを知りたくない人はいないはず。だが貴重なデータを得られる原発事故被災地で、当該の研究に取り組んでいるのは、国でも県でもなく、手弁当で集まった民間の研究チームの人々だ。彼らの活動は、すでに三年半に及ぼうとしている。

五月晴れの十五日、浪江町の小丸にある共同牧場に岩手大、北里大などの研究者やボランティアでつくる研究チーム「原発事故被災動物と環境研究会」の面々がやってきた。牧場を管理する渡部典一《ふみかず》さん（57）と協力し、六十数頭の和牛黒牛を順番に狭い柵の中に追い込んでゆく。ロープで頭を固定した後、注射器で血液を抜き、肛門から腕を突っ込んで直腸を触診する。さらに尿を採取する。

採取した検体は、移動式の研究室ともいえる通称「牛バス」に運び込んで分析する。

まるで牛の健康診断のようなのどかな光景。ただし、この牧場の放射線量の高さは普通ではない。牛の柵のそばに線量計を置くと毎時一五マイクロシーベルトほどと表示された。柵から離れた草やぶの中を測ると、同四〇マイクロシーベルトに跳ね上がった。牧場の南東約十一キロには福島第一原発がある。事故直後には、同一五〇マイクロシーベルトもの値が計測されたこともあったという。当時よりは下がったとはいえ、今も人間や動物が暮らしていてはならない値だ。

牧場のある一帯は、帰還困難区域に指定されている。人間が入るには浪江町発行の通行許可証が必要。そんな場所になぜ牛が存在するのか。

事故後、国は牛飼い農家に繁殖も販売もできなくなった牛たちを安楽死させるように指示した。ところが「どうしても殺せない」と拒否した農家が十軒ほどあった。渡部さんもその一人だ。避難先の二本松市の仮設住宅から許可をとって牧場へ通い続け、牛の世話を続けてきた。

「普段は一人でここにいる。すると時間が止まったように、何もかもが動かなくて、なかなか不気味な光景だ」と笑った。

牛の寿命は十五～二十年だが、最後まで飼い続けるつもりでいる。ほかに展望はない。

そんな牛たちに価値を見いだそうとしたのが研究チームだ。

事務局長の岡田啓司・岩手大准教授は「大型動物を長期間、低線量被ばくさせ、観察した例は世界にもない」と話す。牛が与えてくれるデータの先には人間の将来も見えてくる。

三年半の積み重ねの中で得たものがある。昨年、ほかの牧場の数頭の牛の体に白斑が見つかり、原発事故との関係が懸念された。しかし精査したところ、最も線量が高い小丸共同牧場では発見されなかった。

「線量との相関関係がない以上、原発由来ではない」と夏堀雅宏・北里大教授は話す。遺伝子が傷つけられた形跡もない。現在はウイルス性の疾患に注目しているが、結論は今回の調査の分析を待ちたいという。

岡田准教授は、こう話す。

「現状では被ばくの影響はない。ただし進行している可能性がないわけではない。大切なのは見続けていくことだ」

思いがけない発見もあった。放牧をした場所では放射線量の低下が顕著だった。牛のふんが封じ込める効果があるらしい。

こうした研究結果は、来年三月までに論文にまとめて発表する予定だという。

（二〇一六年五月十七日）

柵に追い込んだ牛から検体を採取する。力仕事だ
＝福島県浪江町で

6　飼い主待つ被災ペット　動物シェルターSORAから

東日本大震災と福島第一原発の事故で避難を続ける人は、福島県だけでもまだ七万人もいる。あの日、人と同じく行き場を失ったペットの犬や猫たちは六年の歳月をどう生きたのだろうか。被災動物を保護している施設を訪ねた。

福島市郊外、吾妻山の麓の小高い丘の上にNPO法人「SORAアニマルシェルター」が運営する施設がある。約六千坪の敷地の中に手作りの犬舎や猫のおりが点在し、鳴き声がにぎやかだ。

代表理事の二階堂利枝さん（45）によると、現在、保護しているのは犬十九匹、猫二十匹、シャモ一羽。常駐のスタッフ三人が、ボランティアの助けを借りながら、餌やりや清掃、散歩など世話を続けている。

捨て犬や捨て猫を保護する施設は全国にあるが、SORAが特異なのは、被災ペットがほぼ半数を占めていることだ。

「三・一一」の直後、二階堂さんは、動物愛護の仲間たちとともに被災地域に入り、置き去りにされたペットを救出した。

「無人の町を放浪している犬が何匹もいました。そんな犬たちは、私たちの姿を見ると、自分の家に連れていってくれるんです。そこで初めて餌を食べる子もいました」

雌犬のチビ（推定十五歳）は、浪江町の牛舎につながれているところを発見された。飼い主が見つかり、連絡を取ったが、飼い主は「しばらく預かってください」と言って電話を切った。以来、六年間、ここで暮らしている。当初は子宮に病気があり、ろくに餌も食べなかったが、手術をして回復し、今は食欲もあるという。

一緒にいた若い雄犬のコロは心臓病で死んでしまった。

ひときわ人懐っこいエル（雄、推定十歳）は、飯舘村の住民から託された。同村の避難指示は今年四月に一部解除となったが、住民は帰村の道を選ばないようだという。エルを引き取る話もいまのところはない。

被災ペットには、共通する特徴があるという。

「広い家の庭先で番犬として飼われていたのか、よくほえます。人見知りする子も多い。つらい経験をしてきているのかなと想像します」

そんなペットたちに、新たなよい飼い主を見つけてあげるのが、二階堂さんたちの当面の目標だ。

毎月第三日曜日に説明会を開催し、希望者に犬を引き合わせる。最低でも数回はボランティアに通ってもらい、犬との相性や飼い主がどれほど本気であるかなどを確かめる。晴れて〝親子〟が成立するまでに数カ月もの時間がかかることもある。

最近ではラブラドール種のクロ（八歳）が東京に引き取られていった。「被災地の福島の子だから」と特に希望して引き取ってくれる人もいるそうだ。

動物愛護の関心は高く、ボランティアは年間で延べ五百人を超えることもある。一方で人件費、去勢手術代など年間で一千万円にもなる運営費のやりくりには頭を抱える日々だという。

＊　＊　＊

ＳＯＲＡアニマルシェルターの連絡先は、〒９６０　２２６１　福島市町庭坂字富山１４７の１＝電０２４（５２９）６２６７、Ｅメール fukushimasora@hotmail.co.jp

（二〇一七年五月九日）

福島県浪江町で保護したチビにおやつをあげる二階堂さん
＝福島市で

六

古里の誇り

1　荒廃する鈴木安蔵の生家　憲法ルーツ、規制区域に

憲法学者・鈴木安蔵の名を知る人は少ないだろう。日本国憲法の実質的な起草者とも言える存在だが、業績に比べて不当というほど顕彰されずにきた。その安蔵は福島県南相馬市小高区（旧小高町）で生まれ育った。世界にもまれな平和憲法のルーツは、自由民権運動の伝統が色濃く漂う、この古い町にあるともいえる。ところが安蔵の生家は今、居住が制限される区域の中にある。原発事故は憲法の故郷も台無しにした。

小高区は事故後は警戒区域とされ、立ち入りが禁止された。三年前の再編成で避難指示解除準備区域となったが、今も夜間は立ち入りができない。

安蔵の生家は人けが絶えた町の中心部、商店街の中にあった。通りに面して「林薬局」と大きな看板があるが、シャッターは閉じられたままだ。裏手の古びた風格のある屋敷も、蔵が崩れ落ちて、荒れ始めている。

安蔵はこの家で一九〇四（明治三十七）年に生まれた。父・良雄は銀行員。俳号を持つような文化人であったが、結核のために二十七歳で亡くなった。母・ルイに育てられた安

蔵は仙台にあった旧制二高に進学する十七歳までここで過ごした。両親はクリスチャンで、安蔵自身も日曜日は必ず近所の教会に通った。その教会は、やはり無人の状態で残っている。

家は安蔵の姉である鈴木瑛《てる》夫婦が薬局を営んで守った。原発事故が起きるまで、安蔵のおいの妻である鈴木千代さん（89）と長男一家が住んでいたが、今は千葉県松戸市に避難している。

千代さんが「（安蔵には）何度か会いました。お茶が大好きで急須まで持参して幾つものお茶を入れてくれるんです。優しい人でしたよ」と話してくれた。しかし、原発の話となると「私たち夫婦も建設反対の署名運動をしたんです。なぜ、こんなことに」と言葉をのんだ。

驚いたことがある。小高は人口一万人超の小さな城下町だが、この町をルーツとする反権力の巨人がほかにもいたのだ。

「死霊」で知られる思想家で小説家の埴谷《はにや》雄高《ゆたか》。埴谷（本名は般若《はんにゃ》）の家は代々奥州相馬家に仕えた武家だった。埴谷は小高で育ったわけではないが、安蔵の五歳年下にあたり、治安維持法で逮捕され、獄中で勉強に励んだ点が共通している。

戦前の農民運動家の平田良衛も、この町の出身で安蔵の親戚にあたる。こちらも獄を経験している。「死の棘《とげ》」の作家・島尾敏雄も小高に縁が深い。

東北の小さな町に、なぜこれほどのエネルギーが育ったか。

福島県九条の会代表の吉原泰助・元福島大学長は「福島は西の高知と並び自由民権運動の盛んな土地で、反軍平和思想を培ってきた。その底流には明治政府ができた時点で賊軍で、軍隊が薩長藩閥政府の手兵にすぎないという反発もあった。キリスト教が盛んで自由な考え方を教えた側面もある」と分析する。

安蔵の弟子である金子勝・立正大学名誉教授は「条文解釈だけだった憲法学をマルクス主義を基に社会科学に押し上げたのが先生でした。経済原則を突き詰めれば戦争が始まる。だから政府を憲法でしばる必要があると考えた」と解説する。

また「草案を作る過程で先生が強く主張したのは抵抗権でした。悪い政府は民衆が倒してもよいとする権利です。全会一致の原則から採用されなかったが、先生の精神はここにあった」とも話す。日本国憲法の幹には、虐げられた民衆の願いの結晶としての、反軍平和思想が横たわっていることになる。

静まり返る小高の町を歩いた。日本人は、この特別な土地を見捨ててはいけないとあらためて思った。

＊　　＊　　＊

〈鈴木安蔵《すずきやすぞう》〉　一九〇四〜八三年。京都帝国大哲学科に入学し、後に経済学部に転部。二六年の治安維持法違反第一号「学連事件」で摘発され自主退学。在野の研究生活に入る。四五年に「憲法研究会」の「憲法草案要綱」を起草。同要綱は連合国軍総司令部（ＧＨＱ）案の下敷きとなった。五二年から静岡大、愛知大、立正大で教授。波乱の生涯は映画「日本の青空」の題材となった。

（二〇一五年六月三十日）

鈴木安蔵の生家。現在は誰も住んでいない

2　憲法は民衆のために　鈴木安蔵の人と学問　直弟子語る

平和憲法のルーツは福島県南相馬市にある、という話を以前本欄で取り上げた。日本国憲法の間接的起草者と呼ばれる憲法学者・鈴木安蔵（一九〇四～八三年）が同市で生まれ育ったからだ。ただのご当地自慢をしようというのではない。日本国憲法は米国に押しつけられた憲法ではなかった。日本の民衆の願いの結晶として生まれた。この事実を確認するためにも南相馬市の持つ歴史的な意味を心に留めておくべきだろう。

その安蔵から愛知大学で直々に薫陶を受けた弟子である金子勝・立正大学名誉教授（71）が先月、「はらまち九条の会」の招きで同市を訪れ、安蔵の業績や人柄について講演した。「世田谷・九条の会」の呼び掛け人でもある金子氏の話のエッセンスを紹介したい。

まず幼少期のエピソード。一九〇四年三月三日、安蔵は小高区の商家で生を受けた。銀行員だった父は二十七歳で病死。母に育てられ、没落した家を再興したいという思いで猛勉強する。相馬中学では弁論部に入り、数々の弁論大会で優勝したが、ただの秀才ではなかった。

三年生のとき、上級生による私刑を追放しようと同級生七十数人の先頭に立ち、ストライキを打つ。謹慎三日の処分を受けたが、私刑はなくなった。

「正義感の強い人で、大人になっても変わらなかった。こんな心を育んだのは、幼い頃から通ったキリスト教会で、ヒューマニズムを学んだ影響だったろう」と金子氏は見ている。

飛び級で旧制第三高等学校に進むと「新カント哲学」に熱中。さらに「貧困、飢餓、売春、失業、疾病など社会矛盾を除去しよう」との思いで「社会思想研究会」を結成する。

一九二四年、京都帝国大学哲学科に進学するが、翌年に経済学部に転部し、マルクス主義の研究に入る。ところが京大社会科学研究会での活動が治安維持法に違反するとして逮捕される。全国で三十八人が逮捕された、この学連事件は治安維持法適用の第一号だった。京大を自主退学に追い込まれた安蔵は、在野の研究生活を選ぶ。

さらに二九年に再び治安維持法で逮捕され、二年半も獄中生活を送る。金子氏によると、この体験が後に鈴木憲法学を生む契機となったという。

「先生は、獄中で日本の憲法学者の著作を読みあさった。そして、日本の憲法学には歴史的研究と批判が欠けていることに気づいたのです」

出獄後、代表作である「憲法の歴史的研究」を発刊し、民衆の立場に立ち、民衆の幸福を実現しようとする憲法学の必要性を世に問うた。日本に初めて社会科学としての憲法学が生まれた瞬間だった。

そんな一介の在野の学者を、歴史は必要とした。四五年、太平洋戦争が終結すると、ポツダム宣言の趣旨に沿った新憲法作りが始まる。連合国軍総司令部（GHQ）は当時の幣原喜重郎内閣に草案を提出させたが、まるで大日本帝国憲法の焼き直しのような内容に失望する。同じ頃、学者、ジャーナリストらで構成する「憲法研究会」も「憲法草案要綱」という草案をつくった。まとめ役は安蔵だった。

GHQは、草案に着目し、つぶさに検討して、ほぼ同じ内容の「日本国憲法草案」を起草した。このため安蔵は、日本国憲法の間接的起草者と呼ばれる。

「憲法草案要綱」に「戦争放棄」は盛り込まれておらず、「九条」はGHQと幣原内閣の交渉の中で生まれたとされる。しかし「憲法草案要綱」は、「天皇の臣民」に代えて「国民」という概念を持ち込んだ。これは当時の日本人には驚天動地の画期的な考え方であったという。

「国民主権」は、GHQによらず、日本人によって提案されたという点が何より重要だ。

講演の後、金子氏らは南相馬市小高区の商店街の一角にある安蔵の生家を訪ねた。小高区は原発事故のために今も居住制限があり、安蔵の縁者も避難生活を続けている。だが、来年三月の規制解除を目指して、少しずつ人の気配がよみがえってきた。

そんな空気を感じつつ、「鈴木安蔵憲法記念館をつくろう」などというアイデアも飛び出した。平和憲法を軸とした復興があってもいいのではないか。

（二〇一五年一一月三日）

鈴木安蔵の生家の前に立つ金子勝・立正大学名誉教授＝福島県南相馬市小高区で

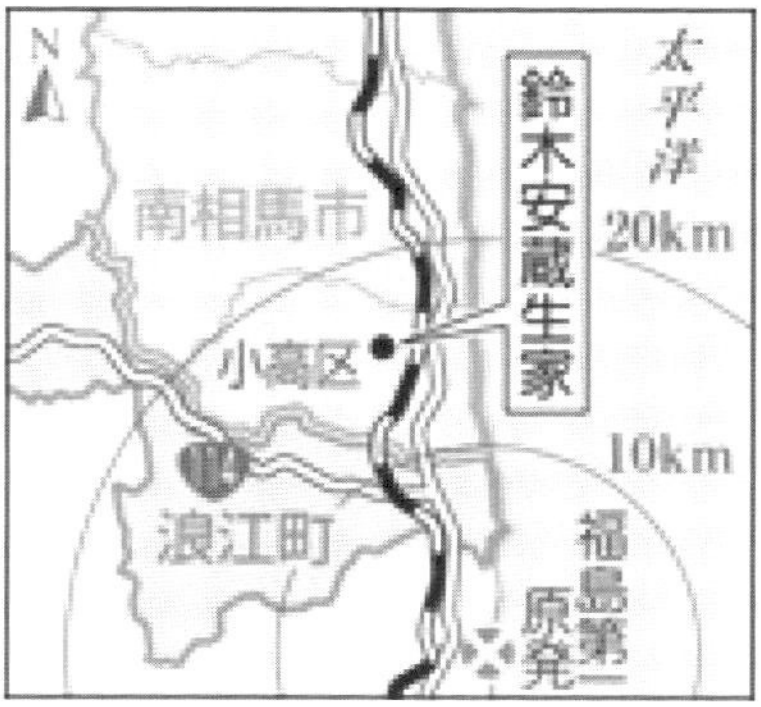

（鈴木安蔵生家の位置）

3　カエルの詩人が愛した里　帰村四年目・川内村の誇り

東京電力福島第一原発から三十キロ圏内の川内村《かわうち》。事故直後は全村避難となったが一年後に帰村宣言をし、新たに村づくりを始めた。その川内村で今夏もちょっと変わった祭りがあった。カエルの詩人、草野心平をしのぶ天山祭りだ。

さて、どんな祭りだろう。

十一日、草野心平の蔵書を収めた「天山文庫」の庭に数百人もの人が集まった。献花の後、小学生らが詩の朗読や踊りを披露。鏡開き、乾杯と続き、婦人会が用意した手料理を肴《さかな》に、飲めや踊れやのうたげとなった。

実行委員長の石井芳信さん（70）が「こんなに楽しい思いができるのも心平先生のおかげだ」と笑った。蝉《せみ》時雨の下で、人の数だけの笑顔がはじけた。

草野心平と村人の交流は一九五〇（昭和二十五）年に始まった。カエルが大好きでカエルの詩を好んで作った草野が、ある新聞のエッセーに「モリアオガエルの生息地があったら教えてほしい」と書いた。これを読んだ村の長福寺の矢内俊晃和尚が招待の手紙を書いた。何度か手紙のやりとりがあり、五三年八月、ついに心平先生は村へやってきた。早速村人に案内され、モリアオガエルの生息地である平伏沼《へぶす》へ足を運んだ。

平伏沼は海抜八四二メートルの平伏山の山頂にある。集落から七、八キロもあり、当時の山道をたどるのは、なかなかの苦労だったろう。たどり着いたカエルの楽園の風情に草野は心打たれた。

〈うまわるや　森の蛙は　阿武隈の　平伏の沼べ　水楢《みずなら》のかげ〉と詠んだ。その歌の碑が沼のほとりに立っている。

その後、名誉村民になり、毎年木炭百俵を授与されることになると、さすがに数の多さに驚いて一年だけで辞退し、お礼に蔵書三千冊を村に贈った。村人は労働奉仕で庵《いおり》を建築し、本を収めた。草野はシルクロードの天山山脈をイメージし、天山文庫と命名した。

詩人は、それから夏ごとに三、四カ月も天山文庫に滞在した。創作に疲れると村の野球大会をのぞいたり、庭を造ったりした。夜は白夜と名付けたどぶろくを楽しんだ。

村役場の若い職員だった石井さんは、心平先生のお気に入りだった。「朝から電話で呼ばれてね。行くと、今日は庭木を切るから手伝ってくれなんて話だ。悪いと思ったのか、あとで書を書いてくれた。その書は、今も額に入れて飾ってあります」と目を輝かせて振り返った。

詩人を訪ねて川端康成や棟方志功などが来た。そうした名だたる文化人と言葉を交わすのも楽しみだったという。

石井さんは役場勤めを続け、原発事故の当時は教育長の要職にあった。遠藤雄幸村長が帰村宣言し、小中学校を再開したときも最前列で采配をふるった。

「あれは厳しい仕事だったな」と言葉少なに振り返った。当時は子供を帰村させることの是非にも議論があった。神経をすり減らすことが多かったろう。

そんな話をしていると、役場の二階からドヤドヤと十人ほどの子供が下りてきた。学校が終わった後に、村営の学習塾を開いているのだという。「村は着実に復興していますよ。これからは原発災害の村ではなく、天山文庫の川内村でPRしていきたいんだ」と胸を張った。

平伏沼に行ってみた。ミズナラの木の葉に白い泡のようなカエルの卵が幾つもぶら下がり、遠くから見ると花が咲いたようだ。沼は水不足で干上がる寸前だが、水たまりには元気にオタマジャクシが泳いでいる。

村委嘱の巡視員である猪狩四朗さん（55）は「卵塊は二百個以上確認されました。平年並み。来月には立派なカエルが巣立っていきます」と、こちらも誇らしげに話した。

＊　＊　＊

川内村教育委員会＝電０２４０（３８）３８０６。

〈くさの・しんぺい〉一九〇三～八八年。詩人。福島県いわき市生まれ。中国・嶺南大学に留学後、詩集「第百階級」を刊行。中原中也らと詩誌「歴程」を創刊。五〇年に「蛙の詩」で第一回読売文学賞。オノマトペ（擬声語）を駆使した前衛的な作風で知られる。

（二〇一五年七月十四日）

天山文庫と石井芳信さん。＝福島県川内村で

（川内村の位置）

4　護憲のルーツは福島に
良心的兵役拒否者・矢部喜好牧師の系譜

参院選で、自民党などの改憲勢力が改憲の国会発議に必要な議席を獲得し、安倍政権がこの勢いで改憲に進む可能性が出てきた。だからこそ今、日本国憲法の価値を再認識しておきたい。平和の礎を簡単に捨てることがないように。

日本国憲法の実質的起草者である憲法学者、鈴木安蔵《やすぞう》氏が福島県南相馬市出身であることは以前、本欄で書いた。実はもうひとり、平和憲法に関わる巨人を福島県は輩出している。日本人初の良心的兵役拒否者といわれる矢部喜好《きよし》氏である。

参院選の最中の今月六日、喜多方市の厚生会館で「平和のための戦争展」が開催されていた。展示パネルの一角を占めていたのが矢部喜好氏の写真や年譜など。「これほど激しく戦争を拒絶した人が喜多方にいた。その事実が地元で知られるようになったのは、ここ数年の話なんです」と、いずれも元高校教師で「戦争展」を毎年開催している山崎四朗さん（76）、上野修一さん（77）が説明してくれた。

矢部氏は一八八四（明治十七）年に喜多方市の山あいの蓬莱《ほうらい》で生まれた。父は材木商。会津中学に在学中、キリスト教に入信して伝道師を志す。当時は日露戦争前夜で国民の多くが戦争熱に浮かされていた。彼は仲間と「戦争は神の教えに背く罪悪である」とビラを配り、連夜、会津若松の町を練り歩いた。

学校や家族は「学業に専念するように」と説得するが応じず、一九〇三年、雪の峠道を徒歩で越えて上京。東京で伝道者としての生活を始める。

〇四年に日露戦争が勃発すると、補充兵として召集される。だが断固として入隊を拒否し、裁判に付される。当時の新聞は、わずか十九歳八カ月の少年が「神は人を殺さず、戦争は人を殺すなり、これは人が作りたる法律によりて負う義務なる故に、吾《わ》れは決して応ずる能《あた》わず」と主張したと伝えている。

法廷には「国賊」「殴れ」と罵声が飛んだという。矢部氏は有罪となり、収監された後、看護兵として入隊。銃を持たぬまま終戦を迎える。これが日本初の良心的兵役拒否である。

良心的兵役拒否はキリスト教の信仰に基づく反戦行動として米国で始まった。南北戦争中の一八六三年に、戦闘参加を免除する代わりに、金銭を支払うか、戦闘以外の仕事に従事できる法律ができたという。

「最初の良心的兵役拒否 - 矢部喜好平和文集」の著作がある鈴木範久立教大名誉教授(81)によると、矢部少年は、良心的兵役拒否を意識して行動したのではなかったろうという。ただ教義を信じ、突き進んだ末に、たどりついた行動だったのだ。

そんな信仰者が、なぜ平和憲法と関わりをもつというのか。

矢部氏は日露戦争終結後、米国へ向かった。シカゴ大学などで神学の学位を得て十年後に帰国。滋賀県膳所町《ぜぜちょう》(現大津市)に教会を設立し、以後二十年間、伝道活動に励み、五十一歳で病没した。

膳所時代には、雑誌に寄稿し、こんな言葉を残している。

「永遠の平和を獲得するための戦争などとは痴人の夢」「剣をとる者は剣にて亡ぶべし」

この教会で中学時代に学び、矢部牧師を師と仰いだのが、戦後の護憲運動の中心を担った田畑忍元同志社大学長だった。

さらに田畑氏の講演「平和主義と憲法九条」に感動し、法学研究の道に入ったのが、土井たか子元日本社会党委員長だった。

福島県九条の会代表でもある吉原泰助元福島大学長(83)は「矢部喜好は護憲のルーツといってもいい。氏の思想の源流には、福島に根付いた自由民権運動の伝統もあった。権

「平和のための戦争展」で日本初の良心的兵役拒否者の矢部牧師を紹介する山崎四朗さん（右）と上野修一さん＝福島県喜多方市で

力に抵抗し、民衆の側に立った先駆者の志を大切にしたい」と話している。

（二〇一六年七月十二日）

5　蘇れ、鬼百合の出作り小屋　檜枝岐村で彫刻家が計画

名勝・尾瀬の玄関口で日本屈指の秘境としても知られる福島県檜枝岐村《ひのえまた》。その村外れに荒れ果てた一棟の小屋が立っている。「出作り小屋」といい、村人たちが豪雪の山間地で生き抜いた証しとして、かつては数十棟も存在した。しかし、時代の流れで本来の役目を失い、今は二、三棟が残っているだけだ。福島県田村市出身の彫刻家、吉野ヨシ子さん(65)らが、この小屋を、小さな美術館にしたいという。どんな計画なのか。

まずは現地に行ってみた。小屋は村の中心部から尾瀬に向かう国道の横に緑に埋もれるように立っている。板壁の破損は激しいが太い柱の骨組みはしっかりしている。中にはいろりの跡もあり、雨風はしのげる。屋根はかやぶきで、面白いことに紅色のオニユリ(鬼百合)が咲き誇り、屋根全体が華やかな花壇のようだ。

吉野さんによると、十年ほど前までは隣で民宿が営業しており、泊まり客がいろりで魚を焼くなどして楽しんでいたのだという。ところが民宿が廃業し、小屋は荒れ果てていった。

山歩きが好きで民宿の常連客だった吉野さんは、彫刻家仲間の浦山不二秀さん（67）たちと別荘兼アトリエとして民宿の建物を購入した。二科展の特選にも入った吉野さんだが、一方で小学校の教員でもあった。

「ここの自然が大好きだったので退職金をはたいちゃいました」とにこにこと笑った。

そこで気になり始めたのが、敷地の中に立つ小屋だ。名前を「出作り小屋」とは聞いていたが、そもそもそれは何なのか。

檜枝岐村で生まれ育ち、近所でキャンプ場を営む平野隆介さん（53）が教えてくれた。平家の落人《おちゅうど》の子孫であると伝えられる村人は、狭い谷あいに屋敷を構え、身を寄せ合って暮らしている。昔から林業や狩猟で生計を立てていたが、山奥に平らな土地を見つけて開墾し、焼き畑農法でソバを育てるほどの農業はしていた。道路事情が悪い当時は、屋敷から畑まで歩いて何時間もかかった。このため畑のそばに小屋を建て、夏場は一家で暮らしていた。それが出作り小屋で、各家が別荘のように所有していたらしい。

平野さんも子供時代、出作り小屋で暮らし、村の小学校まで一時間もかけて歩いて通ったのを思い出すという。生き抜くために夏と冬で住む場所を変える生活が当たり前だったのだ。

三十年ほど前に道路が舗装され、マイカーも普及し、出作り小屋は消えていった。吉野さんらが所有することになった「鬼百合の小屋」は数少ない生き残りということになる。

檜枝岐村ほど個性的な文化を持つ村はない。六百人ほどの村人の姓は「橘」「星」「平野」の三種類しかなく、会津地方にあって、この村だけが会津なまりを話さない。墓を「廟所《びょうしょ》」、お椀《わん》を「御器《ごき》」と呼ぶなど、都の香りを漂わせる。「サトイモとゴマを育ててはいけない」「沼の近くで舟や牛という言葉を使わない」など謎めいた言い伝えもある。

出作り小屋は、そんな固有の村の文化を象徴している。

吉野さんらは鬼百合の小屋が朽ち果てる前に補修し、彫刻や絵を展示して美術館にしたいと考えている。広く賛同者を募っていくつもりだ。

星光祥《みつよし》村長も「村の活性化につながるのならばありがたい」と歓迎の意向を示している。

＊　＊　＊

問い合わせは、吉野さん＝電０８０（３０９４）６２６５、浦山さん＝電０９０（９９７０）１３１４＝へ。

（二〇一六年八月二十三日）

鬼百合の出作り小屋と吉野さん＝福島県檜枝岐村で

6　彫刻家ら　美術館に再生　檜枝岐村「鬼百合の出作り小屋」

尾瀬の玄関口にあたる福島県檜枝岐《ひのえまた》村で、彫刻家のグループが、朽ち果てたかやぶき屋根の小屋を再生する計画を進めている…。そんな話を本欄で伝えたのは昨年八月のことだった。あれから約一年。小屋は、美術品を展示する「尾瀬出作り小屋記念館」として生まれ変わったと知らせが届いた。出作り小屋は雪深い土地で生き抜いた山の人々の生活の証しだ。よみがえった鬼百合《おにゆり》の出作り小屋に会いに出掛けた。

小屋は尾瀬から流れる清流、伊南川（実川）のほとりに立っている。一年前は壁板は崩れ落ち、屋根の上には雑草と一緒に鬼百合が生い茂って緋色《ひいろ》の花を咲かせていた。今夏に改築が終了し、建物は見違えるようだ。屋根は真新しいかやでふき替えられた。壁は補修され、川に向かって大きな窓が開いた。小屋の脇にはモダンなオブジェが立ち、入り口には記念館の看板が掲げられている。

現在は福島県に伝わる民芸品の展示会を開催している。いろりの周りに「つるしびな」や「ちぎり絵」が飾られて、アートな空間となっている。

再生に取り組んだのは、二科会会友の吉野ヨシ子さん（66）、浦山不二秀さん（68）ら首都圏を中心に活躍する彫刻家たちだ。山が好きで尾瀬に通ううちに、廃業した民宿の建物をアトリエとして共同購入。敷地内の朽ちた小屋に興味を持った。「かやぶき屋根が美しかった。でも崩れ落ちるのは時間の問題だった」と浦山さんが振り返る。

そもそも出作り小屋とは何だったのか。かつて村人は林業や狩猟などで生計を立てていたが、山奥に平らな土地を見つけ、ソバを育てるほどの農業はしていた。昭和四十年代ごろまでは道路も不便で、村の中心部にある家から畑まで徒歩で数時間もかかった。このため、夏は畑の近くに建てた小屋に家族で住んで農作業をした。当時はそんな小屋が七十棟もあったが、車の普及などで生活習慣が変わり、消えていった。

「檜枝岐の固有の文化を伝える小屋は貴重な文化遺産。絶対に残そう」と意を決し、吉野さんらは職人探しから始めた。資金集めのために寄付を募ると、約百二十人から計百万円近い善意が寄せられ、小屋は生き返った。

屋根の頂点には木船のようなスペースをつくり、土を入れ、鬼百合の球根を植えた。古いかやぶき屋根には、頂の部分に田のあぜの踏み固められた土をのせたものがある。「くれぐし」と呼ばれ、乾燥に強い植物の球根などを含んだ土くれがよいとされた。一説には、飢饉《ききん》の際に食料にする目的だったという。屋根に咲いていた鬼百合には、そんな意味もあったのだ。

小屋の復元に合わせて、アトリエの一角も「尾瀬美術館」として開放することにしたという。のぞかせてもらうと、吉野さん、浦山さんらが制作した現代アート作品が並んでいた。

福島県田村市出身の吉野さんの作品には、板に彩色し、その上に輪ゴムを配した一群がある。輪ゴムの奥に東日本大震災や東京電力福島第一原発事故の被害を伝えた新聞の切り抜きが張ってあるのが特徴だ。

「新聞は生々しくて美術とは相性が悪いと思う人もあるかもしれません。でも、故郷で起きた災害を忘れてほしくないという意味を込めました。輪ゴムは絆の意味。たくさんの人の輪をつくる。この美術館がそのきっかけになればいいと思います」と吉野さんは話した。

＊　　＊　　＊

出作り小屋記念館と尾瀬美術館では、出展希望者を募集している。問い合わせは、吉野さん＝電０８０（３０９４）６２６５＝まで。

よみがえった出作り小屋の前に立つ吉野さん（左）と浦山さん＝福島県檜枝岐村で

（檜枝岐村の位置）

（二〇一七年九月五日）

7　和平さんが愛した山村　南会津・前沢集落に「立松和平文庫」

作家の立松和平さんが六十二歳の若さで二〇一〇年二月に亡くなってから七年半がたつ。旅と農民を愛した和平さんは、とりわけ福島県南会津町の茅葺《かやぶ》き曲がり家《や》の集落、前《まえ》沢《ざわ》集落がお気に入りで、よく通った。今、集落には和平さんの全著作や映像資料を集めた「立松和平文庫」がある。風の音、鳥の声だけを聞きながら、一日、和平ワールドに浸ることができる。

文庫を運営しているのは小勝政一《こかつまさいち》さん(59)。旧舘岩《たていわ》村の役場勤めをしていた三十数年前、取材で訪れた和平さんと意気投合し、家族ぐるみの付き合いが始まった。和平さんが晩年に書いた戯曲「黄金の森」には、戊辰戦争にかり出された日光の猟師、「政一」が登場する。モデルとなったのが、狩猟を趣味とする小勝さんであるといわれる。

二年前に役場を退職すると、自宅を改装し、和平さんから贈られた本や生原稿などの資料、遺品、テレビ出演したときの映像などを公開することにした。

「和平さんの本を一人でもたくさんの人に開いてもらいたい。それだけの気持ちなんだよ」と小勝さんは話した。

それにしても文庫がある前沢集落の風景には驚かされる。

舘岩川に面したなだらかな斜面に十一軒の茅葺き屋根の家が並ぶ。どの家もLの形をした曲がり家で昭和四十年代までは、農耕用の馬を飼い、人と馬が同じ屋根の下で暮らしていた。標高約七百メートルの高地で、日本有数の豪雪地帯でもある。長い冬を過ごすための知恵が詰まった家だ。

素朴な薬師堂、水車、水場などが点在し、畑仕事をする老夫婦の姿がある。大部分の住民の名字は「小勝」で、固い結束で茅葺き屋根を守ってきた。

一九八八年に風致地区に指定され、以来、見学者は入場料三百円を払う。だが土産物店などはなく、観光地という雰囲気はまるでない。和平さんが愛したのも、そんな日本の山村の原風景だった。

和平さんの作品の中で、小勝さんが最も好きなのは「おじいさんの机」という題の絵本。

都会に引っ越した少年の元へ、田舎に残った祖父から不思議な机が送られてくる。引き出しを開けると、懐かしい山里の畑が広がり、祖父が「こっちへ来い」と手招きしていた。慣れない生活に疲れると、少年は引き出しの中の別世界で遊ぶ。

小勝さんも和平さんの東京の自宅に仕事机を送ったことがある。厚いトチの一枚板を天板にした大きな机だ。

「トチの香りに包まれていつでも山の世界に浸れる」と和平さんは喜んでいたという。代わりに、それまで使っていた古い机を送ってきた。文庫の一角に置かれたその机は、天板がゆがみ、壊れかけている。九〇年代、盗作の指摘を受けるなどして心身を擦り減らした作家の姿と重なってみえる。

＊　＊　＊

文庫では、予約制で郷土料理を食すこともできる。連絡先は小勝さん＝電０９０（８９２８）２２２３＝へ。

（二〇一七年八月八日）

茅葺き屋根の立松和平文庫

立松さんの写真と小勝さん＝
いずれも福島県南会津町で

8　沢辺琢磨　激動の生涯　攘夷思想の剣客一転　司祭に

福島県白河市の旧城下に小さな美しい聖堂がある。司馬遼太郎氏が紀行文「街道をゆく」で「野バラの教会」と紹介した白河ハリストス正教会である。この教会で明治維新の志士、坂本龍馬のいとこにあたる沢辺琢磨という人物が司祭を務めた話は案外知られていない。尊王攘夷《そんのうじょうい》に燃えた若い剣客が、旅路の果てにロシア人司祭に出会い、生まれ変わる。沢辺が歩んだ人生は、龍馬のそれに負けず劣らず刺激的だ。来年は維新百五十年。ひと足先に東北に眠る維新秘話を紹介したい。

白河ハリストス正教会を訪ねると、期待通りに薄桃色の野バラが咲き誇っていた。赤や白の大輪のバラも満開で、豊かな香りに包まれて白い聖堂が立っている。小さいながら木造のビザンチン様式。屋根にはネギ坊主のような塔が載っている。

「ハリストス」とはギリシャ語の「キリスト」。福島県にただ一つのギリシャ正教会の会堂だ。「現在の信徒は二十軒ほど。檀家《だんか》のようなもので、私も三代目になります」と信徒代表の大寺浩さん（76）が説明してくれた。

聖堂の中に入ると、四十八枚のイコンと呼ばれる宗教画が並んでいる。明治時代に活躍した日本人聖像画家山下りんの作品も五点ある。イコンが並ぶ壁の向こうには非公開、女人禁制の至聖所がある。聖堂は今も信徒のための祈りの空間だ。

大寺さんは「うちの神父さん」と親しみを込めて、沢辺琢磨の物語を語った。一八三五年二月、高知県に生まれた沢辺は、坂本龍馬、武市半平太《たけちはんぺいた》のいとこにあたる。土佐勤王党に属し、二人を追いかけて二十一歳で剣術修業のために上京。「桃井道場のからす天狗」と呼ばれる腕前だったが、事件が起きる。

道場仲間と酒を飲み、勢いで町人とけんかをして、巻き上げた懐中時計を酒代に換えた。藩の知れるところとなり、切腹を迫られるが、龍馬らの計らいで逃亡。たどり着いたのが函館だった。強盗を撃退して評判となり、道場主になり、神社に婿入りして神官にもなる。

このころ日本郵便の父・前島密《ひそか》や同志社大学の建学者・新島襄らと親交を結んだ。二人は留学の道を選んだが、沢辺は攘夷の思いが強く、ロシア正教会初の宣教師、ニコライ・カサートキン神父を切りに行く。これが運命的な出会いとなった。

「ハリストス教が邪教か否か、調べてから決めたらどうか」と説得され、神父の元へ通った。その末に逆に「日本を救うのはこの教えだ」と確信する。

明治政府がキリシタン禁制を発令した六八年、沢辺は道場も家もすべてを捨てて日本人で初めて同教の洗礼を受けた。のちに司祭となり、白河には八四〜九一年までの七年間滞在、布教に務めた。一九一三年に東京で病没。享年七十八。

「当時の正教会は政府の迫害を受け、沢辺神父は何度も警察に捕縛された。経済的にも困窮したようですが、剣客らしく、悠然と動じない態度だったと伝えられています」。そう話す大寺さんの目は誇らしげだった。

勝海舟は、弟子の龍馬について「やつは最初はおれを切りに来たんだ」と語ったという。坂本龍馬と沢辺琢磨。維新の表と裏を歩んだ二人の男は、よく似た気質であったようだ。

＊　＊　＊

白河ハリストス正教会は、事前に予約があれば、内部を見学できる。入場無料。献金は受け付ける。連絡先は大寺さん＝電０２４８（２２）８２４９＝へ。

（二〇一七年六月二十日）

白河ハリストス正教会＝福島県白河市で

聖堂に掲げられたイコン＝福島県白河市で

9　私塾「福島駅前自主夜間中学」　震災でも途切れず八年目

さまざまな事情で義務教育を修了できなかった人のための学びの場、自主夜間中学が福島にもある。「自主」と付くのは、元教員などのボランティアが手弁当でつくり上げ、続けている私塾だからだ。学校法人「加計《かけ》学園」の獣医学部新設問題で「行政がゆがめられた」と訴えている前川喜平・前文部科学省事務次官も、ここに通ったボランティアの一人だった。何を求めたのか。答えを探して、授業の様子を見せてもらった。

JR福島駅に近いビルの一室。午後六時に自主夜間中学は始まった。教師と生徒、一対一の学習が原則で、六組ほどのペアが肩を並べて教材をのぞき込む。英語のアルファベットを学ぶ組、新聞を材料に時事問題を読み解く組など。休憩を兼ねた十五分のお茶タイムを挟んで二時間、静かだが熱気に満ちた学習が続いた。

生徒の年齢は二十代から八十代まで。教師役は、教員を定年退職した人が多い。

運営母体の「福島に公立夜間中学をつくる会」が活動を始めたのは二〇一〇年八月だった。

文科省が設置した公立夜間中学は全国に三十一校。大部分が首都圏、関西圏に集中し、東北以北には一つもない。

設立メンバーの大谷一代さん（54）は、七年前に亡くなった実弟が不登校の末に苦しむ姿を目の当たりにした。「弟と同じ境遇の人たちを救いたい。夜間中学を」と仲間に呼びかけたのが、きっかけとなった。

自主夜間中学は月に四回。授業料は無料。東日本大震災があっても途切れず、生徒は二十人ほどに増えた。

この小さな私塾に、思いもよらぬ「贈り物」があった。

前川氏の講演「夜間中学と日本の教育の未来」を東京で聞いた大谷さんが「ぜひ、福島でも」と直談判した。前川氏はあっさりと快諾。今年一月十四日、文科省事務方のトップが福島を訪れ、講演が実現した。このとき関係者を驚かせたのは、前川氏が「退省したら福島の夜間中学の活動に参加したい」と申し出たことだった。

前川氏が天下り問題の責任を取って辞職したのは、この約一週間後。そして二月一日、今度はボランティアとして福島に姿を見せた。

マンツーマンの授業を受けたのは渡辺宏司さん（78）だった。

「講演の内容がさっぱり理解できなかったと話したら、一緒に新聞を読みながら解説してくれたんだよ。偉ぶるところのない、温厚な人だったな」

渡辺さんは、中学を卒業したものの、自動車染色工になるために高校進学を断念したことを今も悔いている。生徒の中には、そんなお年寄りが多い。

この後、週に二回ずつ合計十回にわたって、前川氏はボランティアにやってきた。最後は五月十二日。数日後、「しばらく忙しくなります」と、運営母体の会の代表、菅野家弘さんに電話があった。前川氏が加計学園問題で記者会見したのは、同二十五日のことだった。

「驚いたな。暇になったら、また来てくれないかな。待っているよ」と渡辺さんは話した。

夜間中学を巡っては二〇一六年十二月に教育機会確保法が成立。これを受け、文科省は、各都道府県に少なくとも一つ、公立夜間中学を設置するよう検討を進めている。

＊　＊　＊

福島駅前自主夜間中学では生徒、ボランティアを募集している。連絡先は大谷さん＝電090（2025）5287＝へ。

（二〇一七年六月十三日）

福島駅前自主夜間中学の授業の様子。マンツーマンの指導が特長

自主夜間中学の案内板。出入りは自由＝いずれも福島市で

10　自白重視は時代の逆行　「松川事件」元被告が語る共謀罪

犯罪に合意したことを処罰する「共謀罪」の趣旨を盛り込んだ組織犯罪処罰法改正案の審議が始まった。この法案で最も看過できない点は、捜査対象を「組織的犯罪集団」に限定すると言いながら、その範囲を曖昧にとどめているところだ。まるで「権力は善」が前提であるかのよう。しかし歴史を振り返れば、権力は暴走する。戦後最大の冤罪《えんざい》事件といわれる「松川事件」の元被告として一度は死刑判決を受けた阿部市次さん（93）が福島市内で健在だ。身をもって知らされた暴走権力の恐ろしさを聞いた。

阿部さんは自宅で、記者の訪問を居ずまいをただして待っていてくれた。

「少し耳が遠くなりましてね」とはいいながら、事件については恐るべき正確さで語る。

一九四九年九月二十二日。二十六歳だった阿部さんは、福島市内の共産党支部に来た警察によって身柄を拘束された。

同八月十七日、福島市松川町の東北線で、列車転覆事故が発生し、機関士ら乗務員三人が死亡した。阿部さんの逮捕容疑は、この二日前に国鉄労組福島支部事務所内で他の四人と事件の謀議をしたとされた。

もとより覚えはなく、否認するが、翌年十二月、福島地裁は阿部さんら五人に死刑の判決を下す。その日の記憶は鮮明だ。

「判決の途中で有罪だとわかり、私たちは抗議をしたのです。このため強制退去で拘置所に戻された。死刑と知ったのは午後十一時ごろでした。父や妹が弁護士とともに面会に来て『死刑だというが二審がある。心配するな』という。まさか、と暗然たる気持ちになりました」

阿部さんは福島市生まれ。国鉄に就職し、車掌として勤務していたが組合活動にも熱を入れた。「当時の国鉄上層部の腐敗は目に余った」。運動の一環として職場放棄をし、懲戒解雇処分を受けた。その後は共産党福島市委員長として機関紙の配布の手伝いなどをしていた。

検察の主張はあいまいだったが、二審・仙台高裁判決も被告二十人のうち十七人を有罪とした。阿部さんは一審で死刑判決を受けた五人のうち、ただ一人、無期懲役に変わった。

しかし、最高裁は仙台高裁に差し戻しを命じ、最終的に六三年九月、被告全員の無罪が確定した。

阿部さんは無罪が確定する前の五九年五月に保釈されたが、十年近く拘置所に留め置かれた。「理由もなく男盛りの時代を奪われた悔しさは言葉にできない」と、柔和な表情をこのときだけはゆがめた。

「共謀罪」については「反対だ」と言う。「実行行為すらいらず、何にでも適用できる。反対勢力を追い落とす権力の横暴に歯止めがかからなくなる」

特に気になるのが「自白」の重用だという。阿部さんたちを一審で死刑判決に追い込んだ「謀議」は、別件の暴行罪で逮捕された少年の自白を根拠にしていた。その後の裁判で自白は虚偽であったと認定される。

ところが今、提出されている「共謀罪」法案には、「自首減免規定」も盛り込まれている。謀議に加わり、自首して情報を流した者には、罪を減じるという規定だ。

「松川事件の判決は、自白はあてにならないと示した。その自白を重要視するのだから、時代が逆行したとしか思えない」

こうも話した。

「日本人は社会を自分で変える意識に乏しいのかと、最近になって思う。政治にものをいう運動をもっと広範囲に展開していかないと、民主主義は力を発揮できないのではないか」

＊　　＊　　＊

〈松川事件〉　一九四九年八月一七日未明、福島市松川町で何者かの工作により列車が転覆、乗務員三人が死亡した。人員整理に反対していた国鉄労組福島支部、東芝松川工場労組の役員など二〇人が逮捕、起訴されるも六三年、被告全員の無罪が確定した。真犯人は不明。裁判中は被告を支援する国民的な運動が起きた。昨年一月、松川事件を国連教育科学文化機関（ユネスコ）の世界記憶遺産に登録しようと、「松川資料ユネスコ世界記憶遺産登録を推進する会」が発足。今年三月、同福島県の会も結成された。

（二〇一七年四月十八日）

「日本の民主主義は大丈夫ですか」と語りかける阿部市次さん＝福島市で

11　三・一一の空に無線塔再現　南相馬市民が「誇りと結束」訴え

東日本大震災から六年の十一日夜。福島県南相馬市の空に光の塔が現れた。震災で亡くなった人を悼み、原発事故で分断された人々の心が再びひとつになるように祈りをささげた「南相馬光のモニュメント」。実現に向けて奔走したのは数人の市民だ。その奮闘ぶりを報告したい。

十一日夕。南相馬市の中心部にある公園に大勢の人が集まっていた。公園には一九八二（昭和五十七）年に取り壊された原町無線塔の礎石が残っている。この無線塔は二一（大正十）年に完成、高さ二百メートルで当時は東洋一と称賛された。二三年の関東大震災では、米国へ向けて最初の情報が発信された。これにより大量の救援物資が届いたとされる。福島県の海岸部、浜通りの人々が誇りにしている、今はなき建造物だ。

午後六時。市内で飲食店を営む須藤栄治さん（44）が見守る中で、礎石の周りに据えられた五台の防災用投光器「アークライト」が点灯した。夜の闇が深まるにつれ、光の帯が立ち上がった。無線塔の再現に、わっとどよめきと歓声があがった。

「子供のころに見上げた無線塔の雄姿を思い出した。市民の皆さんも喜んでくれたかな」と須藤さんは頬を紅潮させた。

計画がスタートしたのは昨年十一月末。大震災から六年になる日に、何かイベントを用意したいと考えた。「原発事故は、小さくとも平和な町をズタズタに分断した。もう一度、この町に誇りと結束を取り戻したいと考えたとき、思い浮かんだのが無線塔だったんですよ」

原発事故の影響で、南相馬市の一部に避難指示が出された。このうち、居住制限区域と避難指示解除準備区域が昨年七月に解除され、市内のほとんどは居住可能になった。一万人を超す住民が帰還できるようになるが、長期の避難で故郷に帰らないと決めた人も多い。

「無線塔を再現するぞ」

須藤さんの発案に共鳴したのが、佐藤宏光さん(60)、伊賀和子さんら。職業も世代も違う三人の共通点は自然が大好きなところ。鳥や植物を追って野山を歩き、海や川で魚釣りを楽しんだ仲間だった。だが、原発の事故以来、放射能に汚染された場所では野遊びはできなくなった。

「腹が立つよなあ」と佐藤さん。「もう六年も渓流釣りをしていないのよね」と伊賀さん。怒りのエネルギーが集まった。

防災用投光器は、和歌山県に住む橘登さん（71）が開発した。軽量で、暗闇の被災地で照明や目印として役立つ。橘さん自らが五台をトラックに積んで和歌山県から走ってきた。映像作りは小高を拠点とする映画作家のすぎた和人さん（53）が協力した。

イベントは二日間。初日は多くの犠牲者が出た津波被害地など五カ所に投光器を配置し、空を彩った。そしてハイライトが無線塔の再現だった。

六年前のこの日、南相馬市の様相は変わった。中心部の繁華街からも人影が消え、震災から約一カ月後に店を再開した須藤さんは途方に暮れた。何人かの仲間がいることがわかり、「つながろう南相馬の会！」が結成された。以来、行政に頼らず、自力で道を開くをモットーに町おこしの活動を続けてきた。

今、須藤さんは次の夢をみている。

「当時を思えば、町は見違えるように明るくなった。ストーリー性がある場所を作り、繰り返しメッセージを発信することが大切だと、よくわかった。これからは、この流れを広げ、宮城県や岩手県の被災地とも連携することを考えたい」（二〇一七年三月十四日）

投光器で再現された無線塔
＝福島県南相馬市で

12　アウシュヴィッツ平和博物館を訪ねる　傍観しない精神を学ぶ

「レスキュアーズ」（救出者）という言葉を知っているだろうか。第二次世界大戦中に、ナチスによる迫害や虐待に苦しむユダヤ人を勇気を奮って守った善意の人々を呼ぶ。日本人では命のビザの杉原千畝《ちうね》氏（外交官）が有名だ。福島県白河市にある「アウシュヴィッツ平和博物館」の展示室には、彼らの肖像が誇らしげに掲げてある。戦後七十年以上が過ぎ、戦前回帰の空気が立ち込め始めた日本。今、学ぶべきは先人の「傍観しない」精神だろう。博物館に足を運んだ。

◆

東北の玄関口である白河市。山桜に彩られた山あいにアウシュヴィッツ平和博物館がある。六千坪の敷地の中に、古民家風の本館、アンネ・フランクの家、鉄道貨車を使った展示室、さらに原発災害情報センターの棟などが点在する。春は菜の花、ツツジ、桃などの花が咲き乱れる、とても静かな場所だ。

本館展示室の中央が「レスキュアーズ」のセクション。欧州を逃れるユダヤ人に日本通過のビザを発行し、数千人の命を救った杉原氏のほか、餓死刑の男性の身代わりとなって「アウシュヴィッツの聖者」と呼ばれたコルベ神父、孤児とともにホロコーストの犠牲となったコルチャック先生など勇気ある市民に関する展示がある。

小渕真理館長（59）が「当館の中でもっとも明日への希望がわいてくる展示です」と話した。

アウシュヴィッツ強制収容所は第二次大戦中にナチスがポーランドに建設し、ユダヤ人大量虐殺の舞台となった施設。現存施設、遺品は人類の負の遺産として世界遺産に登録され、ポーランド国立オシフィエンチム博物館が管理している。同館の許可を得てレプリカなどを展示しているのが白河市の博物館だ。

ルーツは一九八八年に始まり、日本中を巡回した「心に刻むアウシュヴィッツ展」。グラフィックデザイナーの青木進々《しんしん》氏（故人）が絵の勉強にポーランドに赴き、ホロコーストの実態を知ったことから始まった。小渕さんは当時からのスタッフだ。

約九十万人の来観者を集めた同展が終了した後、栃木県塩谷町に常設館をつくった。ところが地権者の事情で、引っ越しを余儀なくされ、二〇〇三年に現在の白河市に移った。福島県で原発事故が起きたのは、この八年後のことだった。

理事長の塚田一敏さん（77）は「ここに来たのは偶然でしたが、おかげで博物館は『アウシュヴィッツから福島へ』という新しい意味を持つことになりました。甚だしく人権がじゅうりんされている福島は、ホロコーストの延長線上にあります」と話す。

塚田さんは、本職は古民家再生を得意とする大工さんで、本館の建物を手作りした。蓑《みの》かさに地下足袋、作務衣《さむえ》姿で庭の草むしりをする姿に風格がある。

事故から二年後に、敷地内に原発災害情報センターが生まれた。原発関係の企画展示をする棟で、現在は韓国人の写真家・鄭周河《チョンジュハ》氏が南相馬市の被災地を撮った写真展「奪われた野にも春は来るか」が開催されている（六月二十日まで）。鄭氏の写真に人物はほとんど登場しない。荒野と化しつつある被災地の光景を、かつて植民地とされた朝鮮の大地と重ね合わせ、淡々とファインダーに収めている。

「琵琶湖の一・五倍もの福島県の国土が放射能で汚染され、五年がすぎた。奪われた故郷を取り戻す作業は、かつての朝鮮のように困難です。それでも真実を見据えることが真の復旧につながる」と塚田さんは話す。

レスキュアーズに話を戻そう。震災後、同館の来館者は激減したが、回復の兆しが見えてきた。それにともなって若者の姿が目立つようになったという。

「集団的自衛権の行使が現実味を帯びて、戦争が身近になったのでは。アベ効果です」

と小渕さんが笑った。そして、こう話した。「レスキュアーズは語っています。戦争にも原発にも傍観者じゃだめだということ。歴史を学ぶことで、未来を乗り越えることができるんです」

同博物館への問い合わせは＝電０２４８（２８）２１０８。

（二〇一六年五月十日）

花に囲まれたアウシュヴィッツ平和博物館＝福島県白河市で

塚田理事長（右）と小渕館長

13「ていねいなくらし」学ぶ　画工人・渡辺俊明氏の夢を追って

阿武隈山地の一角に、般若心経を題材にした絵草紙本などで知られる画工人・渡辺俊《しゅん》明《めい》氏が生前に愛したアトリエがある。名を蓮笑庵《れんしょうあん》といい、里山に溶け込むようにひっそりと立つ風雅な建物だ。二〇一一年三月の福島第一原発の事故を契機に、この場所を拠点に「くらしの学校」が始まった。ぜいたくな生活を見直し、自然の恵みと人の縁に感謝しながら生きる術《すべ》を学ぼうという大人の学校である。原発事故で被災者の心は深く傷ついた。今、必要なのは心の再生だろう。現地を訪ねた。

蓮笑庵があるのは福島県田村市船引町。滝桜が有名な三春町の隣になる。なだらかな里山の間に田畑が広がり、小川が流れる、「ふるさと」を絵に描いたような農村地帯だ。原発からは約四十キロの距離になる。

ハスの田を越えると山があった。山に向かうコケむした道の傍らでお地蔵様が笑っている。道の途中に小さな山門があり、これより奥が蓮笑庵だ。俊明画伯が実際に制作に使ったアトリエや居宅、宿泊棟など四棟が木々が茂る山の斜面に点在している。

俊明画伯の夫人で、現在はＮＰＯ法人「蓮笑庵くらしの学校」の理事長の仁子《じんこ》さん（60）が出迎えてくれた。船引町は、もともと仁子さんの故郷だった。静岡県出身の俊明画伯は結婚後、船引町へやってきて、大地に絵を描くように、意匠の限りを尽くして、蓮笑庵を築いた。

「美のための美ではなく、常に民衆の中にあって、用のあとに結果として美が生まれる」つまり暮らしの中にこそ美がある。そんな俊明画伯の哲学を実践する場所でもあった。画伯が亡くなり、五年余が経過して原発事故があった。船引町は避難指示対象とはならなかったが、たくさんの被災者が来た。蓮笑庵の一部はボランティアの宿泊場所に提供され、支援物資が集まる場所になった。これを契機に新しい人の流れが生まれ、誕生したのがＮＰＯ法人「くらしの学校」だ。

「ていねいなくらし」を学ぶための講座などがある。例えば、山里の正月の準備、しめ縄作りなどを体験してみる。お供え作りから始めて中秋の名月を愛《め》でる。山の斜面に腰掛けてミニコンサートを聴く。

最近にぎやかなのが古民家再生の講座だという。蓮笑庵の敷地の竹やぶの中で、朽ちるばかりだった築六十年の民家を手作業で再生するプロジェクトに取り組んでいる。ゴミ出し、解体から始まって、土壁を塗ったり、いろりを作ったりをワークショップとして楽しむ。プロの大工さんがいるかと思えば、建築科の大学生たちがいる。原発事故で避難してきた人々もいる。週末に泊まり込むなどして汗を流し、手仕事の面白さを学んでいく。誰でも参加し、体験できる。

仁子さんは、こう話す。

「生前の俊明さんは、居宅からアトリエに向かうとき『さあ、学校へ行ってきます』といいました。野の花も風の匂いもすべてが学びと祈りの対象だと思っていました。『くらしの学校』の精神は、ここにあります。原発事故は不幸な出来事でしたが、私たちに立ち止まる機会も与えてくれた。人にとって大切なことを思い出して、豊かさの価値を変えていく。それが福島の再生ではないでしょうか」

＊　＊　＊

「蓮笑庵くらしの学校」の連絡先は＝電０２４７（８２）２９７７。Ｅメール・kurash-inogakko@renshoan.jp

〈渡辺《わたなべ》俊明《しゅんめい》〉（１９３７～２００５年）静岡県生まれ。画家。詩人。代表作に、絵と言葉で表現する墨彩詩書画「俊明がたり」の一連の作品、「絵草紙般若心経」など。

蓮笑庵のアトリエで「くらしを取り戻すことが再生につながる」と話す渡辺仁子さん＝福島県田村市船引町で

（蓮笑庵の位置）

（二〇一六年五月二十四日）

【プロフィール】

坂本充孝　さかもと・みちたか
一九五八年　千葉県生まれ
早稲田大学教育学部卒。
中日新聞社（東京新聞）社会部でオウム真理教事件、北朝鮮拉致事件などを取材。同特報部で東日本大震災、福島第一原発事故などを取材し、二〇一二年に一連の反原発キャンペーン報道で菊池寛賞、日本ジャーナリスト会議大賞、新聞労連ジャーナリズム大賞を共同受賞。大阪報道部長を経て、二〇一五年から福島特別支局長。現編集委員。共著に「民意の形成と反映」（法政大学出版）、「荒川新発見」、「富士異彩」、「炎の世界チャンピオン輪島功一」（いずれも東京新聞出版）など。

福島を耕す

2019年3月11日　初版第一刷発行

●著　　者　坂本充孝
●写　　真　東京新聞
●編集協力　マルチプレックス
●発 行 者　伊東英夫
●発 行 所　愛育出版
〒116-0014
東京都荒川区日暮里5-5-9
電話 03(5604)9430
ファクシミリ 03(5604)9430
info@aiikushuppan.co.jp
●装幀／組版　株式会社プロシード
●印刷製本　株式会社ダイトー

定価はカバーに表示してあります。
万一、乱丁落丁などの不良品がありましたら場合はお取り替えいたします。

ISBN978-4-909080-85-1 C0036